文史哲學集成

黃盛雄著

通鑑史論研究

文史哲出版社印行

通鑑史論研究 / 黃盛雄著. -- 初版 -- 臺北市：
文史哲, 民 105.01 印刷
頁; 21 公分 (文史哲學集成;28)
ISBN 978-957-547-234-4 (平裝)

文史哲學集成 28

通鑑史論研究

著　者：黃　盛　雄
出版者：文　史　哲　出　版　社
http://www.lapen.com.tw
e-mail:lapen@ms74.hinet.net
登記證字號：行政院新聞局版臺業字五三三七號
發行人：彭　正　雄
發行所：文　史　哲　出　版　社
印刷者：文　史　哲　出　版　社
臺北市羅斯福路一段七十二巷四號
郵政劃撥帳號：一六一八〇一七五
電話886-2-23511028・傳真886-2-23965656

實價新臺幣二六〇元

一九九七年（民六十八）四月初版
二〇一六年（民一〇五）一月（BOD）初刷

ISBN 978-957-547-234-4　00028

通鑑史論研究　目次

四　人臣有大德略……四七

緒論

資治通鑑爲北宋司馬溫公光（以下簡稱溫公）主撰，是我國著名的一部編年史。據溫公上神宗表，自述著作的經過是「徧閱舊史，旁采小說，簡牘盈積，浩如煙海，抉擿幽隱，校計豪釐。上起戰國，下終五代，凡一千三百六十二年，修成二百九十四卷。」①神宗獎諭溫公的詔書云：「卿博學多聞，貫穿今古，上自晚周，下迄五代，發揮綴緝，成一家之言，褒貶去取，有所依據。」②由這兩則資料，我們可以看出兩個重點：

一、通鑑包攬洪博，選擇精審，史料的處理十分精當。

二、對於作史之意義與目的，溫公有其獨到之處，通鑑之中發揮了史家最可貴的「史識」與「史德」。

歷史記載的是前人的生活情況，但是它的價值不只是保存資料，更重要的是在錯綜複雜的史事中，分辨其是非善惡及較爲確切的價值標準，引導人們減少錯誤，走向正確的方向，這就是「史識」。董仲舒春秋繁露精華篇云：「春秋之爲學也，道往而明來者也。」③劉知幾史通鑒識篇云：「史傳爲文淵浩廣博，學者苟不能探賾索隱，致遠鉤深，烏足以辯其利害，明其善惡？」④董、劉二氏同樣都推崇「史識」。

「史德」之說創於章學誠，其文史通義史德篇云：「德者何？說著書者之心術也。」又云：「欲爲良史者，當愼辨於天人之際，盡其天而不益以人也。」又云：「文史之儒，競言才學識而不知辨心術，以議史德，烏乎可哉？」⑤事實上，古代文史大家已經注意到「史德」，不過沒有提出這個明顯的概念而已，劉勰文心雕龍史傳篇云：「立義選言，宜依經以樹則；勸戒與奪，必附聖以居宗。」又云：「載籍之作也，必貫乎百氏，被之千載，表徵盛衰，殷鑒興廢，使一代之制，共日月而長存，王霸之跡，並天地而久大。」⑥史通品藻篇云：「夫能申藻鏡，別流品，使小人君子，臭味得朋；上智中庸，等差有敍，則懲惡勸善，永肅將來，激濁揚清，鬱爲不朽矣。」⑦辨識篇又云：「史之爲務……彰善貶惡，不避強禦，若晉之董狐，齊之南史，此其上也。」⑧章氏所謂天人之辨，其實強調的就是著史應該存天理，去除人性的劣等欲望；所以劉勰希望史家立言都要有正大的根本，依經附聖，不可以淫辭浮語，壞人心目；劉知幾則欲史家懲惡勸善，激濁揚清，使辨政治的人以百姓爲中心，任用君子清士，以寬厚仁慈的心腸，關心斯民的生活，「樂歲終身飽，凶年免於死亡」、「養生喪死無憾」。這是史家對社會所負的責任，稱爲「史德」。

溫公著通鑑，既然極爲注意「史識」與「史德」，這自然是我們研讀的重點。而溫公的主要思想觀念、價值判斷，以及眷愛國家，悲憫斯民的胸懷，大都在通鑑的史論中表達出來。因此，通鑑史論的研究，確實是研究通鑑的重點。

研究通鑑史論，必須以明白溫公著史的用心爲前提，如此才能深入、不流於皮相。

附註

①史通鑑九六〇七頁。
②史通鑑九六〇九頁。
③繁露精華篇三卷廿二頁。
④史通鑑識七卷九八頁。
⑤文史通義內篇五，一四四頁。
⑥文心雕龍四卷，二八六頁。
⑦史通七卷九〇頁。
⑧史通十卷三五頁。

第一章　溫公著史之用心

前已述及，溫公著史用心良苦，寄託深切，其上神宗表云：「刪削冗長，舉撮機要，專取關國家盛衰，繫生民休戚，善可爲法，惡可爲戒者，編爲一書。」①其心意可知。歸納其用心，可分三項。

一　釐正觀念

正確的觀念是行事的根本，政治關涉到千千萬萬人的利害，不正確的觀念，將如孟子公孫丑篇所言：「生於其心，害於其政；發於其政，害於其事。」溫公對歷來行政措施，如由於觀念錯誤，必加釐正，並且提供合於情理的正確觀念。

㈠以正治國，不尙權勢謀術：許多事情的做法——尤其是辦政事，有不少人以爲運用權勢與謀術是成功捷徑。溫公以爲不然，權謀雖可逞於一時，但都沒有好結果，秦始皇即是一例。王夫之讀通鑑論云：「君子惡夫術之似智而賊智也……秘而詭，雖無邪而犯神人之忌，可不戒哉！」

②溫公以為正道治國才可以長久，因此，國君要「得道、不廣勢」，大臣則要以誠對上和治民。

周赧王二十三年（公元前二九二），楚敗。溫公論其敗曰：「善夫荀卿論之曰：『夫道，善用之則百里之地可以獨立，不善用之則楚六千里而為讎人役。』故人主不務得道而廣有其勢，是其所以危也。」③

周赧王三十一年（公元前二八四）下，引荀子之論曰：「國者，天下之利勢也。得道以持之，則大安也，大榮也；積美之源也。不得道以持之，則大危也，大累也，有之不如無之。」溫公自論曰：「用國者義立而王，信立而霸，權謀立而亡。」④

這種以正治國的觀念，孔子提倡最力，溫公服膺儒學，其思想當淵源於此。近人蕭公權氏在其孔子學說的時代意義中，闡發此理甚明：「照孔子的看法，治理人民的正當方法是人格的感化和道德的啓迪。一切強制的方法，不但無滿意的效果，而且會引起意外的反動……『道之以政，齊之以刑，民免而無恥。道之以德，齊之以禮，有恥且格』。」又說：「反過來看，寬仁厚德的感化政策却有宏大的功效。」⑤

㈡先禮義，後勇力：溫公以為治國之道在禮義，勇力居其次。

周顯王三十三年（公元前三三六）下，溫公曰：「唯仁者為知仁義之為利，不仁者不知也。」強調行仁義為國家之大利。⑥

唐玄宗開元十九年（公元七三一），令兩京諸州各置太公廟，以張良配享，選古名將，以備十哲，祭祀如孔子禮。溫公以爲孔子倡禮樂、行仁義，太公等不得與之抗衡：「古者有發，則命大司徒教士以車甲，贏股肱，決射御，受成獻馘，莫不在學。所以然者，欲其先禮義而後勇力也。君子有勇而無義爲亂，小人有勇而無義爲盜；若專訓之以勇力而不使之知禮義，奚所不爲矣！」⑦此言對迷信武力甚至窮兵黷武者，不啻爲當頭棒喝！

㈢德行重於才藝：孔子云：「驥不稱其力，稱其德也。」溫公服膺儒學，在論政上，以爲一個大臣應以德行爲先，如果才德不能兼備，寧可捨才而取德。

周威烈王二十三年（公元前四〇三）下，溫公曰：「才者，德之資也；德者，才之帥也……才德全盡謂之聖人，才德兼亡謂之愚人；德勝才謂之君子，才勝德謂之小人。凡取人之術，苟不得聖人、君子而與之，與其得小人，不若得愚人。」又曰：「自古昔以來，國之亂臣，家之敗子，才有餘而德不足，以至於顛覆者多矣！」⑧

然溫公重德之論，並非否定才能，溫公深知庸才決不能成事，漢安帝永初元年（公元一〇七），太尉徐防以災異、寇賊策免。溫公引仲長統昌言曰：「（漢）中世之選三公，務於清慤謹慎，循常習故者，是乃婦女之檢柙，鄉曲之常人耳，惡足以居斯位邪！」⑨溫公所諄諄告誡者，乃在不可用有才無行之小人。

(四)以生民爲先：溫公以爲政治之目的，在求百姓生活之樂利，不在表現君主的權威或大臣的才幹。因此爲政之道在識大體，國君須慈愛生民，大臣須捨己爲國、愛君以德。

梁武帝大通元年（公元五二七），梁譙州刺史湛僧智圍魏元慶和於廣陵，司州刺史夏侯夔助之。僧智知元慶和欲降夔，以垂成之功讓之。溫公論曰：「湛僧智可謂君子矣，忘其積時攻戰之勞，以授一朝新至之將，知己之短，不掩人之長，功成不取以濟國事，忠且無私，可謂君子矣！」⑩

唐玄宗開元三年（公元七一五），盧懷慎與姚崇同爲相，姚崇才高而氣浮，盧懷慎則重於德望，拙於治事。懷慎自以才不及崇，每事推之，時人謂之「伴食宰相」。溫公以爲懷慎明己之長短，以國爲重，不眩私才，有大臣之風：「昔鮑叔之於管仲，子皮之於子產，皆位居其上，能知其賢而下之，授以國政，孔子美之……崇，唐之賢相，懷慎與之同心戮力，以濟明皇太平之政，夫何罪哉！」⑪

溫公心地寬厚，對於百姓可謂體念備至，如：唐武后長壽元年，禁天下屠殺及捕魚蝦，溫公特加一筆：「江淮餓死者衆」，胡三省注曰：「后禁屠捕，而殺人如刈草菅，可以人而不如物乎！」⑫以這種心腸自然要強調爲政以大濟生民爲先。

(五)重大義、輕小仁：世間德行均屬可貴，但有輕重緩急之分，尤以國君與大臣面對的是整個國家，更應先取其重大者，才是了解分寸。

漢高帝九年（公元前一九八），帝不禮趙王，趙臣貫高等謀弒帝，發覺，上賢貫高爲人，赦之。貫高不受，自殺。溫公引荀悅論曰：「貫高首爲亂謀，殺主之賊；雖能證明其王，小亮不塞大逆，私行不贖公罪。春秋之義大居正，罪無赦可也。」⑬

漢惠帝元年（公元前一九四），呂太后斷戚夫人爲「人彘」。帝見後傷痛，以此日飲爲淫樂，不聽政。溫公深以爲不然，云：「安有守高祖之業，爲天下之主，不忍母之殘酷，遂棄國家而不恤，縱酒色以傷生！若孝惠者，可謂篤於小仁而未知大誼也。」⑭

貫高與惠帝均未能視及遠大之道而斤斤於小節，因此溫公匡正這個錯誤的觀念。

二　戒除人性之弱點

人性是複雜的，甚至是多元的，由歷史中可以清楚的看出來，它有良知，也有私慾；有惻隱之懷，也有嫉妬之心。人性的弱點反映在政治上，常常造成不幸，溫公在著史發論之時，非常希望人們能戒除下列弱點：

㈠戒量狹：俗云「忠言逆耳」，人們每喜歡聽順耳的話。身爲國君的，措施難免有錯，這時若有臣下諫諍，須和顏以納之，因此要訓練寬濶的胸襟。

漢光武帝建武十五年（公元三九），大司徒韓歆以直諫免官，詔書責之，歆自殺。溫公曰：「夫切直之言，非人臣之利，乃國家之福也。是以人君日夜求之，唯懼弗得聞。惜乎，以光武之世而韓歆用直諫死，豈不為仁明之累哉！」⑮光武量本寬宏，亦難免因怒失據，有一時之狹。

魏文帝黃初七年（公元二二六），帝殂。帝才大而量狹，猜忌諸弟，屢予播遷；以銜恨殺大臣鮑勛，又因往昔借貸不稱意，欲殺曹洪，因卞太后之言而止。溫公引陳壽評曰：「文帝天資文藻，下筆成章，博聞強識，才藝兼該。若加之曠大之度，勵以公平之誠，邁志存道，克廣德心，則古之賢主，何遠之有哉！」⑯

㈡戒獨斷：在政治上，組織比什麼都重要，集合衆人的智慧，總比個人要強得多。不管國君與大臣，犯了太強的權力慾，師心自用，往往都沒有好的結果。

漢高帝五年（公元前二〇二），項羽敗，自刎於烏江。溫公引太史公曰：「（羽）自矜功伐，奮其私智而不師古，謂霸王之業，欲以力征經營天下。五年，卒亡其國。」⑰項羽之敗即在喜愛專斷，不善用人才。

㈢戒奢侈：人於貧賤之時，知勤儉以上進；及至貴富，每縱於奢侈，而由此腐化，奢侈之害實多。

唐肅宗至德元載（公元七五六），初，玄宗每酺宴，廣設樂部，又有舞馬、犀、象，安祿山見而悅之，既克長安，命搜捕樂工，運載樂器、舞馬等詣洛陽。溫公曰：「聖人以道德爲麗，仁義爲樂……明皇恃其承平，不思後患，殫耳目之玩，窮聲技之巧……豈知大盜在旁，已有窺窬之心，卒致鑾輿播越，生民塗炭。乃知人君崇華靡以示人，適足爲大盜之招也。」⑱

㈣戒酒色：酒色是滿足慾望最直接的方式，但也最容易腐蝕人。

漢成帝綏和二年（公元前七年），帝崩於未央宮，民間歸罪於帝絕幸之趙昭儀。溫公引班彪贊曰：「（帝）湛于酒色，趙氏亂內，外家擅朝。」⑲王氏專政的結果是王莽篡漢，因此，國君慾望太重，即有所蔽。

三　以史勸戒

人類在前人的經驗裏，汲取教訓，以修正自己，減少錯誤，這是歷史眞正的意義。

史通直書篇云：「史之爲務，申以勸誡，樹之風聲」曲筆篇又云：「蓋史之爲用也，記功司過，彰善癉惡，得失一朝，榮辱千載。」⑳

溫公修史最大的心意就在勸戒，他的上神宗表明言是「專取關國家盛衰，繫生民休戚，善可爲法，惡可爲戒者，爲編年一書。」他希望皇帝能「時賜省覽，監前世之興衰，考當今之得失，嘉善矜惡，取是捨非。」

顧炎武日知錄於史記通鑑兵事一條云：「凡亡國之臣、盜賊之佐，苟有一策，亦具錄之。」㉑可見溫公之縝密。

宋文帝元嘉元年（公元四二四），營陽王居喪無禮，無人君之度，卒爲大臣所廢。溫公引裴子野論，謂人君言不及於禮義，識不達於今古者，均不足以長保天下。胡三省注云：「裴子野究言宋氏亡國之禍，通鑑載之於此，欲使有國有家者謹於其初也。」㉒

唐憲宗元和十四年（公元八一九），通鑑載藩鎭跋扈，至是盡遵朝廷約束。胡三省注云：「兼幷易也，堅凝之難，讀史至此，蓋亦知其所以得，鑒其所以失，則知資治通鑑一書不苟作矣。」㉓

研究通鑑史論，至少應該包括三個部分：

一、通鑑發論的凡例，研究溫公在什麼情況下才對人或對事提出議論，在各種情況下有什麼寄寓的意義？

二、通鑑史論的取源，史論有出自溫公自己的議論，同時也採取約三十家的議論。這些人士的生平事蹟，學術與思想，都値得我們探討。

三、通鑑史論的內容分析，這是研究本題的核心，溫公諄諄勸戒世人之心，提供正確的觀念和做法，我們都應加以整理，並予發揚。

筆者鑒於溫公撰作資治通鑑的用心，深爲其憂國憂民，以天下爲己任之胸襟所感，並對溫公之史筆、史學、史識，尤其是史德，有仰止之忱，故發憤研究此書，而由其史論發軔。

附註

①通鑑九六〇七頁。
②讀通鑑論三卷七五頁。
③通鑑四卷一二一頁。
④通鑑四卷一二七頁。
⑤孔子研究集四五四～四五五頁。
⑥通鑑二卷六四頁。
⑦通鑑二一三卷六七九五～六七九六頁。
⑧通鑑一卷一四～一五頁。
⑨通鑑四九卷一五七一～一五七二頁。
⑩通鑑一五一卷四七二七頁。
⑪通鑑二一一卷六七〇八～六七〇九頁。
⑫見陳恒通鑑胡注表徵二一一頁。
⑬通鑑十二卷三八四頁。

⑭通鑑十二卷四一〇頁。
⑮通鑑四三卷一三八五頁。
⑯通鑑七十卷二二二八頁。
⑰通鑑十一卷三五四頁。
⑱通鑑二一八卷六九九四頁。
⑲通鑑三三卷一〇五四頁。
⑳直書見七卷九二頁，曲筆見七卷九五頁。
㉑日知錄二七卷七三七頁。
㉒通鑑胡注表微書法篇二七頁。
㉓通鑑胡注表微勸戒篇一九〇頁。

第二章　史論之思想淵源

歷史的作用，不但要紀錄過去，而且要檢討過去。因此，一個成功的史家，往往也是思想家。透過清明銳利的眼光，將史事作深刻透徹的分析，而爲人類指出一條具體可行的路。

溫公的思想卽寄託於通鑑史論之中，讀其史論，能感受到溫公的寬厚宏博，而又犀利明快。原來，溫公的思想包含很大，鎔鑄很深。加以分析，可找到幾個淵源：

一　本之儒家

溫公的思想以儒家爲本，講求治心以正、感人以誠。宋元學案列涑水學案，以溫公爲首，朱子稱北宋理學有六先生：卽涑水、百源（邵雍）、周（敦頤）、張（載）、二程（顥、頤）①都認爲溫公的思想屬儒家。

史論中，溫公表現的儒家思想，可分二部分言之：

㈠以誠修身

儒家哲學、修身爲一切德行的基礎，而修身又以誠爲先，「不誠無物」。溫公在史論中，格外強調誠，以爲不管是君是臣，都必須有誠心。對於坦誠者，必加褒美；虛詐者，必加貶斥。如

1.魏明帝青龍二年（公元二三四），諸葛亮卒。溫公引陳壽評曰：「諸葛亮之爲相國也，撫百姓，示儀軌，約官職，從權制，開誠心，布公道……可謂識治之良才，管蕭之亞匹矣。」②

2.漢章帝建初八年（公元八三），載竇憲以賤値奪沁水公主園田，後帝出過園，指以問憲，憲陰喝左右不得對。溫公論曰：「人臣之罪，莫大於欺罔！」③

3.魏文帝黃初七年（公元二二六），吳交趾太守士燮卒，其子徽不受朝命。交州刺史呂岱討之，以燮弟子輔爲師友從事，往說徽，徽率其兄弟六人出降，岱皆斬之。溫公引孫盛論曰：「呂岱師友士輔，使通信誓；徽兄弟肉袒，推心委命，岱因滅之以要功利，君子是以知呂氏之祚不延者也。」④

4.魏明帝太和六年（公元二三二），載侍中劉曄善迎合帝意，雖富膽智，亦爲人所間，以憂死。溫公引傅子曰：「巧僞不如拙誠……（曄）獨任才智，不敦誠慤，內失君心，外困於俗，卒以自危，豈不惜哉！」⑤

陳忠肅與龜山書曰：「凡溫公之學，主之以誠，守之以謙。」劉漫堂麻城學記曰：「溫公之

學，始於不妄語，而成於腳踏實地。」⑥溫公之學本以誠爲主，評論歷史，自不例外。

㈡以禮治國

孔子有言：「爲國以禮」，孟子、荀子論治國之道，也以禮爲依據。溫公認爲「天子之職莫大於禮」，他說：「夫以四海之廣，兆民之衆，受制於一人，雖有絕倫之力，高世之智，莫不奔走而服役者，豈非禮爲之紀綱哉！」因此，爲政之道，首先得制禮，制禮之後，便須執禮。

通鑑中對於制禮的記載，都十分詳細，而且對其得失都有評論。如

1. 漢高帝七年（公元前二〇〇），叔孫通制禮成，朝儀有序，帝嘆曰：「吾今日知爲皇帝之貴也！」溫公論曰：「禮之爲物大矣！用之於身，則動靜有法而百行備焉；用之於家，則內外有別而九族睦焉；用之於鄉，則長幼有倫而俗化美焉；用之於國，則君臣有敍而政治成焉；用之於天下，則諸侯順服而紀綱正焉；豈直几席之上，戶庭之間得之而不亂哉！」⑦

2. 唐太宗貞觀二年（公元六二八），太常少卿祖孝孫作唐雅樂。太宗曰：「禮樂者，蓋聖人緣情以設教耳，治之隆替，豈由於此？」溫公以爲太宗之言，發之太易，果於非聖人。蓋：「禮者，聖人之所履也；樂者，聖人之所樂也。聖人履中正而樂和平，又思與四海共之，百世傳之，於是乎作禮樂焉。」「夫禮樂有本有文：中和者，本也；容聲者，末也；二者不可偏發。先王守禮樂之本，未嘗須臾去於心，行禮樂之文，未嘗須臾遠於身。」⑧

對於國家執禮，亦詳予記載。執禮得正，則予褒揚；執禮有缺，則加貶抑。如：

3.晉武帝泰始二年（公元二六六），復三年之喪。溫公論曰：「三年之喪，自天子達于庶人，此先王禮經，百世不易者也。漢文師心不學，變古壞禮，絕父子之恩，虧君臣之義；後世帝王不能篤於哀戚之情，而羣臣諂諛，莫肯釐正。至於晉武獨以天性矯而行之，可謂不世之賢君！」⑨

4.漢武帝太始二年（公元前九五），皇子弗陵生，其母趙倢伃任身十四月而生。上曰：「聞昔堯十四月而生，今鉤弋亦然。」乃命其所生門曰堯母門。溫公論曰：「爲人君者，動靜舉措不可不愼，發於中必形於外，天下無不知之。當是時也，皇后、太子皆無恙，而命鉤弋之門曰堯母，非名也。是以姦人逆探上意，知其奇愛少子，欲以爲嗣，遂有危皇后、太子之心，卒成巫蠱之禍，悲夫！」⑩

5.魏文帝黃初二年（公元二二一），帝於高陵屋畫關羽戰克，龐德憤怒，于禁降伏之狀。令于禁往謁之，禁慚恚發病死。溫公論曰：「于禁將數萬衆，敗不能死，生降於敵，既而復歸；文帝廢之可也，殺之可也，乃畫陵屋以辱之，斯爲不君矣！」⑪

晉武帝復三年之喪，溫公以爲合於聖賢古禮，因而稱他爲「不世之賢君」。漢武帝只因命名不當，顯露偏愛少子的心；魏文帝屈辱于禁，有失君體，溫公都加以嚴厲的批評，由此可以看出溫公對國君守禮的重視。

始於以誠修身，終於以禮治國，這種內聖外王的工夫，是儒家一貫的主張，也是溫公思想的根基。

二　酌取法家

溫公治國的原則，取之於儒家；治國的方法，則參酌法家。將儒家的含容寬厚和法家的具體明快相結，而構成立意敦厚而效率高卓的政治思想。

溫公的法家思想，首在強調立法的重要：

1. 漢文帝前十年（公元前一七〇），將軍薄昭殺漢使者，帝使羣臣喪服往哭之，乃自殺。溫公論曰：「法者天下之公器，惟善持法者，親疏如一，無所不行，則人莫敢有恃而犯之也。」⑫

2. 漢武帝元朔二年（公元前一二七），郭解客殺毀解者，公孫弘議曰：「解，布衣，為任俠行權，以睚眦殺人；解雖弗知，此罪甚於解殺之，當大逆無道。」遂族郭解。溫公取荀悅論以為遊俠犯法的原因，是「上不明，下不正，制度不立，綱紀弛廢；以毀譽為榮辱，不核其真；以愛憎為利害，不論其實；以喜怒為賞罰，不察其理。」又取班固論，以為遊俠之起，實因綱紀廢弛，以力相傾，挽救之道「非明主在上，示之以好惡，齊之以禮法，民曷由知禁而反正乎！」⑬

漢文帝對於舅氏薄昭，始於姑息，因此有殺漢使的不幸事件，觸犯國法。郭解不能深知國法的威重，任俠好氣，終遭族誅。如果國家明立法制，昭告大衆，信賞必罰，這種事件可以避免很多。

法立之後，重在實施。賞罰乃爲政之大本，行之適當，則能揚清抑濁，使人樂爲君子而不敢爲小人。行之不中，則是非混淆，君子消極守度，小人姑息成奸。

1.漢桓帝元嘉元年（公元一五一），獨行之士崔實謂爲政「嚴之則治，寬之則亂」，溫公引孔子之言曰：「政寬則民慢，慢則糾之以猛；猛則民殘，殘則施之以寬。寬以濟猛，猛以濟寬，政是以和」謂爲不易之常道⑭。

2.漢光武帝建武五年（公元二九），彭寵奴子密，斬寵及其妻，帝封子密爲不義侯。溫公以爲光武賞之失中，引權德輿議曰：「伯通（彭寵）之叛命，子密之戕君，同歸於亂，罪不相蔽，宜各致於法，昭示王度；反乃爵於五等，又以『不義』爲名。且舉以不義，莫可侯也，此而可侯，漢爵爲不足勸矣。」⑮

賞罰貴於得中，故溫公以爲寬猛並濟是執行賞罰的原則。光武帝封有功之反奴爲「不義侯」

，不但失却賞罰懲惡勸善的作用，且不義可封，更喪失了賞罰的尊嚴與意義。

賞罰之施行出於君上，君上所以能行賞罰，由於權柄在手。因此，權柄應妥善掌握與處理。

1.漢順帝永和六年（公元一四一），任命梁冀爲大將軍。溫公論曰：「順帝援大柄，授之后族，梁冀頑嚚凶暴，著於平昔，而使之繼父之位，終於悖逆，蕩覆漢室……」⑯

2.唐昭宗天復三年（公元九〇三），朱全忠盡殺宦官。溫公以爲漢、唐朝政多制於宦官，而唐以宦官典兵，暴橫尤甚，主張「人主不當與之謀議朝政，進退士大夫，使有威福足以動人。」⑰

漢梁冀的專橫，唐宦官的囂張，都是因爲竊取了君上的權柄，作威作福，最後朝廷尾大不掉，根本動搖。因此，溫公以爲君上一定要掌握權柄，不可旁落。

三　多取揚雄之說

溫公於通鑑史論中，常引用前賢的意見作爲評論，其中尤以揚雄之說最爲溫公所愛，史論曾七度取用。

1.周赧王四年（公元前三一一），記張儀、蘇秦、公孫衍、蘇代、蘇厲、周最、樓緩之徒，紛紜徧於天下，以辯詐相高。溫公引揚子法言，以爲儀、秦乃詐人，務得富貴，非仁義之徒也。⑱

2.秦始皇帝九年（公元前二三八），春申君爲李園所害。溫公引揚子法言曰：「或問：『信陵、平原、孟嘗、春申益乎？』曰：『上失其政，姦臣竊國命，何其益乎』！」⑲

3.秦始皇帝十二年（公元前二三五），文信侯呂不韋飲酖死。溫公引揚子法言曰：「或問：『呂不韋其智矣乎？以人易貨。』曰：『誰謂不韋智者歟！以國易宗。呂不韋之盜，穿窬之雄乎！穿窬也者，吾見擔石矣，未見洛陽也』。」⑳

4.秦始皇帝十四年（公元前二三三），韓非死於秦。溫公引揚子法言，以爲韓非之死，在其說難一文：「君子以禮動，以義止，合則進，否則退，確乎不憂其不合也。夫說人而憂其不合，則亦無所不至矣！」㉑

5.秦始皇帝二十五年（公元前二二二），秦大興兵，虜燕王喜。燕太子丹曾遣荊軻刺秦王，卒致燕亡，軻亦滅族。溫公引揚子之論曰：「要離爲蛛蝥之靡，聶政爲壯士之靡，荊軻爲刺客之靡，皆不可謂之義。」㉒

6.秦始皇帝三十七年（公元前二一〇），二世誅蒙恬。溫公引揚子法言曰：「或問：『蒙恬忠而被誅，忠奚可也？』曰：『壍山、堙谷、起臨洮，擊遼水，力不足而屍有餘，忠不足相也』。」㉓

7.漢高帝五年（公元前二〇二），項王於烏江自刎，楚亡。溫公引揚子法言曰：「或問：『楚敗垓下，方死，曰天也！諒乎？』曰：『漢屈羣策，羣策屈羣力；楚憞羣策而自屈其力。屈人者克，自屈者負，天曷故焉！』」㉔

四　博採史家之說

溫公編撰通鑑，曾博參諸史，在史中所用的工夫極深。因此，對於史的批評，他自然也斟酌損益，博採各史家的意見。今將溫公所採諸家，列之於左：

1.太史公（司馬遷）

如：漢高帝五年（公元前二〇二），項羽敗亡。溫公引太史公曰：「（羽）自矜功伐，奮其私智而不師古，謂霸王之業，欲以力征經營天下。五年，卒亡其國，身死東城；尚不覺悟而不自責，乃引『天亡我，非用兵之罪也』豈不謬哉！」㉕

2.荀悅

如：漢高帝三年（公元前二〇四），載酈食其勸漢王復立六國之後，必可克楚。張良以爲不可，漢王乃止。溫公引荀悅論，以爲立策決勝之術，其要有三，一曰形，二曰勢，三曰情，雖事同，而三者有所異，故設策須與時遷移，應物變化。㉖

3.班固

如：漢景帝後三年（公元前一四一），帝崩。溫公引班固贊曰：「孔子稱：『斯民也，三代之所以直道而行也』信哉！周、秦之敝，罔密文峻，而姦軌不勝。漢興，掃除煩苛，與民休息；至於孝文，加之以恭儉；孝景遵業。五六十載之間，至於移風易俗，黎民醇厚。周云成、康，漢言文、景，美矣！」㉗

4.范曄

如：漢光武中元元年（公元五六），宣布圖讖於天下。給事中桓譚以爲讖不合經，請帝勿用，帝大怒，貶譚，道病卒。溫公引范曄論曰：「桓譚以不善讖流亡，鄭興以遜辭僅免；賈逵能傅會文致，最差貴顯；世主以此論學，悲哉！」㉘

5.袁宏

如：漢安帝建光元年（公元一二一），復斷二千石以上行三年喪。溫公引袁宏論曰：「古之帝王所以篤化美俗，率民爲善，因其自然而不奪其情，民猶有不及者，而況毀禮止哀，滅其天性乎！」㉙

6.孫盛

如：漢獻帝建安四年（公元一九九），孫策將徇豫章，遣虞翻往說華歆，歆出迎策。溫公

引孫盛曰：「歆既無夷、皓韜遬之風，又失王臣匪躬之操，槥心於邪儒之說，交臂於陵肆之徒，位奪節墮，各執大焉！」㉚

7. 習鑿齒

如：漢獻帝建安十三年（公元二〇八），曹操軍至，劉琮舉衆降。或勸劉備攻琮，荆州可得，備思劉表託孤之言，不忍。備至襄陽，衆十餘萬人，日行十餘里，或勸備棄衆，可以速行，備亦不忍。溫公引習鑿齒曰：「劉玄德雖顛沛險難而信義愈明，勢偪事危而言不失道。追景升之顧，則情感三軍；戀赴義之士，則甘與同敗。終濟大業，不亦宜乎！」㉛

8. 陳壽

如：魏文帝黃初二年（公元二二一），蜀車騎將軍張飛爲帳下將所殺。溫公引陳壽評曰：「關羽、張飛皆稱萬人之敵，爲世虎臣。羽報效曹公，飛義釋嚴顏，並有國士之風。然羽剛而自矜，飛暴而無恩，以短取敗，理數之常也。」㉜

9. 沈約

如：宋營陽王景平元年（公元四二三），詔徵豫章太守蔡廓爲吏部尚書，以錄事尚書徐羡之欲參選事，不拜。溫公引沈約論曰：「蔡廓固辭銓衡，恥爲志屈；豈不知選、錄同體，義無偏斷乎！良以主闇時難，不欲居通塞之任。遠矣哉！」㉝

10.歐陽修

如：後漢隱帝乾祐二年（公元九四九），西京留守王守恩怠慢郭威，威卽以樞密使頭子命白文珂代之。溫公引歐陽修論曰：「自古亂亡之國，必先壞其法制而後亂從之，此勢之然也，五代之際是已。文珂、守恩皆漢大臣，而周太祖以一樞密使頭子而易置之，如更戍卒……太祖旣處之不疑，而漢廷君臣亦置而不問，豈非綱紀壞亂之極而至於此歟！是以善爲天下慮者，不敢忽於微而常杜其漸也，可不戒哉！」㉞

附註

①見程發軔先生國學概論（中）一五八頁。
②通鑑七二卷二二九九頁。
③通鑑四六卷一四九四頁。
④通鑑七十卷二二三一頁。
⑤通鑑七二卷二二七八～二二七九頁。
⑥重編宋元學案七卷一〇五頁。
⑦通鑑十一卷三七六～三七七頁。
⑧通鑑一九二卷六〇五二頁。

⑨通鑑七九卷二四九八頁。
⑩通鑑二二卷七二三頁。
⑪通鑑六九卷二一九三頁。
⑫通鑑十四卷四八二頁。
⑬通鑑十八卷六〇六~六〇七頁。
⑭通鑑五三卷一七二六頁。
⑮通鑑四一卷一三二四頁。
⑯通鑑五二卷一六九一頁。
⑰通鑑二六三卷八五九九頁。
⑱通鑑三卷一〇〇頁。
⑲通鑑六卷三六頁。
⑳通鑑六卷二一九頁。
㉑通鑑六卷二二一頁。
㉒通鑑七卷二三二頁。
㉓通鑑七卷二五一頁。
㉔通鑑十一卷三五五頁。
㉕通鑑十一卷三五四~三五五頁。
㉖通鑑十卷三三三~三三四頁。

㉗通鑑十六卷五四六～五四七頁。
㉘通鑑四四卷一四二八頁。
㉙通鑑五十卷一六一九頁。
㉚通鑑六三卷二〇二二頁。
㉛通鑑六五卷二〇八三頁。
㉜通鑑六九卷二一九〇頁。
㉝通鑑一一九卷三七五二～三七五三頁。
㉞通鑑二八八卷九四一三頁。

第三章　史論敍例

溫公通鑑敍述一千三百六十二年間事，卷帙浩繁，記載的大小事件極多。若每事發論，勢必不可能，而且失去重心，顯不出立言的宗旨。通鑑著作之目的，在於提供參考，有所勸戒，以助於治道，因此發論也以此爲中心。今就溫公的評論中，整理出其發論的條例：

一　國有大政

記在歷史中的國事，幾乎都是大事，其中不論經常性或突發性，只要對國家有深切影響的，溫公即加以評論：

㈠治世

人主勵精圖治，臣下忠心奉公，以締造一個安和樂利的社會，這是行政的理想目標。但因種種阻礙，眞正的治世極少。因此，溫公於治世，每發論以作啓導與激勵。

1.漢景帝後三年（元前一四一），溫公引班固贊曰：「周秦之敝，罔密文峻，而姦軌不勝。

漢興，掃除煩苛，與民休息；至於孝文，加之以恭儉；孝景遵業。五六十載之間，至於移風易俗，黎民醇厚。周云成康，漢言文景，美矣！」①

2.漢武帝元封三年（元前一〇八），朝鮮平，為樂浪、臨屯、玄菟、眞番四郡。溫公引班固贊曰：「昔箕子居朝鮮，敎其民以禮義，田蠶織作，為民設禁八條……是以民終不相盜，無門戶之閉，婦人貞信不淫辟……可貴哉，仁賢之化也。」

(二)禮法

禮法之制定與執行，關係國家政治與文化極大，重的影響其存亡、輕的也影響興衰。溫公對於的當之禮法，加以揄揚；不當之禮法，則指出其缺失，冀後世君臣改進。

1.周顯王十年（元前三五九），秦國以商鞅變法，國力漸強，奠定統一中國之基礎。變法之初，欲取信於民，賞徙木之人五十金。溫公論曰：「夫信者，人君之大寶也。國保於民，民保於信，非信無以使民，非民無以守國。」③

2.漢安帝建光元年（公元一二一），陳忠上疏希望朝廷恢復二千石以上官吏行三年之喪，以順人情而厚人倫。宦官止其奏章，朝廷再度禁止大吏行三年之喪。溫公引袁宏論曰：「古之帝王所以篤化美俗，率民為善，因其自然而不奪其情，民猶有不及者，而況毀禮止哀，滅其天性乎！」④

3.宋武帝永初元年（公元四二〇），因皇帝初即位，大赦，犯鄉論清議之人，亦在赦內。溫公以爲得罪名教者，不可輕赦，引裴子野論曰：「昔重華受終，四凶流放；武王克殷，頑民遷洛。天下之惡一也，鄉論清議，除之，過矣！」⑤

4.宋文帝元嘉十五年（公元四三八），立藝文、玄學、史學、儒學爲四學。溫公以爲儒學乃諸學之本，不當本末並列，論曰：「易曰：『君子多識前言往行以畜其德。』孔子曰：『辭達而已矣。』然則史者儒之一端，文者儒之餘事；至於老莊虛無，固非所以爲教也。夫學者所以求道；天下無二道，安有四學哉！」⑥

5.唐太宗貞觀二年（公元六二八），太常少卿祖孝孫作唐雅樂。溫公發論以爲禮樂之本在中和，而所以行之則在容聲，本末兼備，互相輔助，而後可以成大化：「禮樂有本，有文：中和者，本也；容聲者，末也；二者不可偏發。先王守禮樂之本，未嘗須臾去於心，行禮樂之文，未嘗須臾遠於身。興於閨門，著於朝廷，被於鄉遂比鄰，達於諸侯，流於四海，自祭祀軍旅至於飲食起居，未嘗不在禮樂之中。如此數十百年，然後治化周浹，鳳凰來儀也。」

6.唐玄宗開元十九年（公元七三一），置太公廟，以張良配享，選古名將，以備十哲，祭如孔子之禮。溫公以爲勇力不當與禮義齊等，論曰：「古者有發，則命大司徒教士以車甲，羸股肱、決射御，受成獻馘，莫不在學。所以然者，欲其先禮義而後勇力也。君子有勇而無義爲亂，小人有勇而無義爲盜；若專訓之以勇力而不使之知禮義，奚所不爲矣！」⑧

㈢舉才

治世以人才爲本，中興以人才爲先。欲撥亂反正，維繫太平，應注意人才的培養、選舉、任用。溫公於國家舉才，關係政教者，必加以評論。

1.漢光武帝建武元年（公元二五），舉用「寬仁恭愛、恬蕩樂道」的卓茂，茂嘗有治績，教化大行，道不拾遺。溫公論曰：「孔子稱『舉善而教不能則勸』……有德故也。光武卽位……獨能取忠厚之臣，旌循良之吏，拔於草萊之中，寘諸羣公之首，宜其光復舊物，享祚久長，蓋由知所先務而得其本原故也。⑨

2.漢安帝永初元年（公元一〇七），因災異、寇賊策免太尉徐防。溫公以光武之後，政不任下，雖置三公，事歸臺閣，以此策免之，實屬可憫。又論選用三公之制度曰：「中世之選三公也！務於清慤謹愼，循常習故者，是乃婦女之檢柙，鄉曲之常人耳，惡足以居斯位邪！」⑩

3.漢靈帝熹平四年（公元一七五），定「三互」之法，婚姻之家及兩州人不得交互爲官，結果選用艱難，幽冀二州久缺不補。溫公以爲防閑禁制不是爲政之道，論曰：「叔向有言：『國將亡，必多制。』明王之政，謹擇忠賢而任之，凡中外之臣，有功則賞，有罪則誅，無所阿私，法制不煩而天下大治。所以然者何哉？執其本故也。及其衰也，百官之任不能擇人，而禁令益多，防閑益密，有功者以闋文不賞，爲姦者以巧法免誅，上下勞擾而天下大亂。所以然者何哉？逐其末故也。」⑪

4.唐代宗大曆十四年（公元七七九），崔祐甫爲相，多擧用親故。溫公論曰：「用人者，無親疏、新故之殊，唯賢不肖之爲察。」又曰：「天下之賢，固非一人所能盡也，若必待素識熟其才行而用之，所遺亦多矣。古之爲相者則不然，擧之以衆，取之以公……進退賞罰，皆衆人所共然也，己不置豪髮之私於其間。」⑫

(四)興作

國之興作必因民之所需，當戰亂疲敝之餘，興作反成殘民之事。至於皇室自用的建築，更不可奢求壯麗，以困百姓。

漢高帝七年（元前二〇〇），蕭何治未央宮，高祖不悅，何曰：「非壯麗無以重威。」溫公以爲蕭何謬言，且影響後代帝王之奢侈，論曰：「王者以仁義爲麗，道德爲威，未聞其以宮室塡服天下也。天下未定，當克己節用以趨民之急，而顧以宮室爲先，豈可謂之知所務哉！昔禹卑宮室而桀爲傾宮。創業垂統之君，躬行節儉以示子孫，其末流猶入於淫靡，況示之以侈乎！」⑬

(五)權柄

統一的國家，決策施行之權，應由政府掌握。如果權柄落入臣下之手，小則政事弛廢，大則分裂以至亡國。溫公每於權柄易手之際，諄諄提出告誡。

1.漢順帝永和六年（公元一四一），以梁冀爲大將軍。溫公論曰：「順帝援大柄，授之后族，梁冀頑嚚凶暴，著於平昔，而使之繼父之位，終於悖逆，蕩覆漢室；校於成帝，闇又甚焉。」⑭

2.唐昭帝天復三年（公元九〇三），宦官專横，朱全忠以兵盡誅之。溫公詳敍唐室宦官，所以比其他朝代專横，乃由於典兵，因此大臣爲之氣短，君上或遭廢立。其禍始於明皇，盛於肅代，成於德宗，極於昭宗。論人主對於宦官「不當與之謀議政事，進退士大夫，使有威福足以動人。」否則「黜陟刑賞之政，潛移於近習而不自知。」又曰：「黜陟刑賞之柄移而國家不危亂者，未之有也。」⑮

3.後漢隱帝乾祐二年（公元九四九），西京留守王守恩貪鄙聚斂，輕慢郭威，郭威即以樞密使頭子命易置之。溫公以爲權移臣手，壞其法制，引歐陽修論曰：「自古亂亡之國，必先壞其法制，而後亂從之，此勢之然也。文珂、守恩皆漢大臣，而周太祖以一樞密使頭子而易置之，如更戍卒……太祖既處之不疑，而漢廷君臣亦置而不問，豈非綱紀壞亂之極而至於此歟！」⑯

㈥賞罰

賞罰爲權柄之運用，有功不賞或賞之不當，有過不罰或罰之過當，都將失去賞罰的作用。溫公每於記述歷史後，於賞罰之失當，發論以評之。

1.晉成帝咸和四年（公元三二九），蘇峻作亂，陶侃、溫嶠討之，征兵於征、鎭，湘州刺史卞敦擁兵不赴。事平，王導不加誅，且加寵祿。溫公論曰：「卞敦位列方鎭，兵糧俱足，朝廷顚覆，坐觀勝負。人臣之罪，孰大於此！既不能明正典刑，又以寵祿報之，晉室無政，亦可知矣。」⑰

2.唐玄宗天寶七載（公元七四八），楊國忠以聚斂驟遷，歲中領十五餘使。溫公引蘇冕論曰：「姦臣廣言利以邀恩，多立使以示寵，刻下民以厚斂，張虛數以獻狀；上心蕩而益奢，人望怨而成禍；使天子有司守其位而無其事，受厚祿而虛其用。宇文融首唱其端，楊愼矜、王鉷繼遵其軌；楊國忠終成其亂。仲尼云：寧有盜臣而無聚斂之臣。誠哉是言！前車既覆，後轍未改，求達化本，不亦難乎！」⑱

3.唐肅宗至德二載（公元七五七），於陷賊諸官以六等定罪，斬達奚珣等、陳希烈等賜自盡，既而上悔之。溫公論曰：「希烈等或貴爲卿相，或親連肺腑……及四海橫潰，乘輿播越，偷生苟免，顧戀妻子，媚賊稱臣，爲之陳力……儻各全其首領，復其官爵，是諂諛之臣無往而不得計也……六等議刑，斯亦可矣，又何悔焉！」⑲

4.唐肅宗乾元元年（公元七五八），平盧節度使王玄志薨，高麗人李懷玉殺玄志子，推侯希逸爲平盧軍使，朝廷因以希逸爲節度副使。節度使由軍士廢立自此始。溫公論曰：「夫民生有欲，無主則亂，是故聖人制禮以治之。自天子、諸侯至於卿、大夫、士、庶人，尊卑有分，大小有倫，若綱條之相繼，臂指之相使，是以民服事其上，而下無覬覦……肅宗遭唐中衰，幸而復國，是宜正上下之禮以綱紀四方；而偷取一時之安，不思永久之患。彼命將帥，統藩維，國之大事也，乃委一介之使，徇行伍之情，無問賢不肖，惟其所欲與者則授之。自是之後，積習爲常，君臣循守，以爲得策，謂之姑息。乃至偏裨士卒，殺逐主帥，亦不治其罪，因以其位任授之。然則爵祿、廢置、殺生、予奪，皆不出於上而出於下，亂之生也，庸有極乎……」⑳

5.唐文宗太和五年（公元八三一），盧龍副兵馬使楊志誠逐其帥李載義，朝廷因宰相牛僧孺之言，以楊志誠爲盧龍留後。溫公論曰：「詩曰：『勉勉我王，綱紀四方。』載義藩屛大臣，有功於國，無罪而志誠逐之，此天子所宜治也。若一無所問，因以其土田爵位授之，則是將帥之廢置殺生皆出於士卒之手，天子雖在上，何爲哉……如僧孺之言，姑息偸安之術耳，豈宰相佐天子御天下之道哉！」㉑

行赦爲法治的例外措施，法外施恩，能生感化作用。但是不適時、不恰當的行赦，反而姑息養奸，犯罪者逍遙於法網之外，破壞法治。溫公於此，亦多發言論之，如：

1.魏邵陵厲公正始七年（公元二四六），漢大赦，時費禕秉政。溫公溯敍諸葛亮不妄赦，並引陳壽之評曰：「諸葛亮爲政，軍旅數興而赦不妄下，不亦卓乎！」㉒

2.齊明帝建武四年（公元四九七），魏陸叡等謀逆，發覺，賜死於獄。初，陸叡曾受不死之詔。溫公論曰：「夫爵祿廢置，殺生予奪，人君所以馭臣之大柄也。是故先王之制，雖有親、故、賢、能、功、貴、勤、賓，苟有其罪，不直赦也，必議於槐棘之下，可赦則赦，可宥則宥，可刑則刑，可殺則殺；輕重視情，寬猛隨時。故君得以施恩而不失其威，臣得以免罪而不敢自恃。及魏則不然，勳貴之臣，往往豫許之以不死；彼驕而觸罪，又從而殺之。是以不信之令誘之使陷於死地也。刑政之失，無此爲大焉！」㉓

(七)篡弒僭越

朝政不綱，上失其道，則臣下生覬覦之心，篡弒僭越便容易發生。溫公對於這種不幸的事，每加評論，一以誅伐亂臣賊子的野心，一以警惕有國有家者，不能稍存輕忽。

1.周威烈王二十三年（公元前四〇三），韓、趙、魏三家分晉，天子因命之爲諸侯。溫公以爲「天子之職莫大於禮，禮莫大於分，分莫大於名。」「今晉大夫暴蔑其君，剖分晉國，天子既不能討，又寵秩之，使列於諸侯，是區區之名分復不能守而幷棄之也。先王之禮於斯盡矣！」「故三晉之列於諸侯，非三晉之壞禮，乃天子自壞之也。」㉔

2.漢高帝九年（公元前一九八），趙臣貫高等以高祖輕侮其君，謀弒高祖，發覺，趙王被廢，貫高自殺。溫公引荀悅之論曰：「貫高首爲亂謀，殺主之賊。雖能證明其王，小亮不塞大逆，私行不贖公罪。春秋之義大居正，罪無赦可也。」溫公復自論曰：「高祖驕以失臣，貫高狠以亡君。使貫高謀逆者，高祖之過也；使張敖亡國者，貫高之罪也。」㉕

3.王莽始建國二年（公元一〇），漢諸侯王爲公者悉上璽綬爲民。溫公引班固之論，歷敘文、景、武帝之後，諸侯惟得衣食稅租，不與政事，而成、哀、平帝均早崩，「是故王莽知漢中外殫微，本末俱弱，無所忌憚，生其姦心，因母后之權，假伊、周之稱，顓作威福廟堂之上，不降階序而運天下。」㉖

(八)征誅

人君握國家的權柄，察臣下的善惡，定其賞罰。對於四夷，如有不服者，則以征誅繼之。征誅亦有其道，是否適宜，會影響國家的政理。因此，溫公亦立言論之。

1.漢武帝太初元年，漢求大宛馬，大宛殺漢使，取其財物。帝欲侯寵姬李氏，乃拜李夫人兄廣利爲貳師將軍，帥師伐大宛。溫公論曰：「夫軍旅大事，國之安危，民之死生繫焉。苟爲不擇賢愚而授之，欲徼幸咫尺之功，藉以爲名而私其所愛，不若無功而侯之爲愈也。」㉗

2.漢昭帝元鳳四年（公元前七七），樓蘭、龜茲反覆於漢與匈奴間，傅介子至樓蘭，誘以金幣，刺殺其王。溫公論曰：「王者之於戎狄，叛則討之，服則舍之。今樓蘭王既服其罪，又從而誅之，後有叛者，不可得而懷矣。必以爲有罪而討之，則宜陳師鞠旅，明致其罰。今乃遣使者誘

以金幣而殺之，後有奉使諸國者，復可信乎！且以大漢之強而爲盜賊之謀於蠻夷，不亦可羞哉！論者或美介子以爲奇功，過矣！」㉘

3.漢元帝竟寧元年（公元前三三），群臣爭論陳湯矯制誅郅支單于之功罪，卒封湯關內侯。杜欽上疏追訟馮奉世前破莎車功，上以先帝時事，不復錄。溫公引荀悅論曰：「夫矯制之事，先王之所愼也，不得已而行之。若矯大而功小者，罪之可也；矯小而功大者，賞之可也；功過相敵，如斯而已可也。權其輕重而爲之制宜焉。」㉙

(九)外交

中國自古以天朝上國自居，視周圍的國家爲蠻夷，服則懷之，叛則討之，沒有眞正的外交。但是，也有四夷的力量強大，與中國相近，無法以威服、以力制。此時，也會變通辦法，有類似今日的外交行爲。溫公於此亦論之：

1.漢高帝九年（公元前一九八），使劉敬往匈奴結和親。溫公論曰：「夫骨肉之恩，尊卑之敍，唯仁義之人爲能知之；奈何欲以此服冒頓哉！蓋上世帝王之御夷狄也，服則懷之以德，叛則震之以威，未聞與爲婚姻也。且冒頓視其父如禽獸，奚有於婦翁！」㉚

2.漢宣帝甘露二年（公元前五二），匈奴呼韓邪單于，願奉國珍來朝，太子太傅蕭望之議，以匈奴爲敵國，待以不臣之禮，位在諸侯王上。天子採之，待以客禮。溫公取荀悅之論曰：「春秋之義，王者無外，欲一于天下也。戎狄道里遼遠，人迹介絕，故正朔不及，禮敎不加，非尊之也，其勢然也。詩云：『自彼氐羌，莫敢不來王。』故要、荒之君必奉王貢；若不供職，則有辭讓號令加焉，非敵國之謂也。望之欲待以不臣之禮，加之王公之上，僭度失序，以亂天常，非禮也！」㉛

㈩傳襲

封建時代，以位傳子，認爲是天經天義的事。立子以嫡以長，不容渾雜，否則覬覦之心起，變亂由此而生。如違此道，溫公則加評論。

漢光武帝建武十九年（公元四三），郭后既廢，后子太子彊意不自安，數因左右及諸王懇請辭位。帝從之，廢太子彊，立陰后子莊爲太子。溫公取袁宏之論曰：「夫建太子，所以重宗統，一民心也，非有大惡於天下，不可移也。世祖中興漢業，宜遵正道以爲後法。今太子之德未虧於外，內寵既多，嫡子遷位，可謂失矣！」㉜

二 國之存亡

自古沒有不滅亡的朝代，興興衰衰，是歷史的公式。國之興亡，都有其因素，唐太宗云：「以古爲鑑，可以知興替。」因此，史家對於此事，特別看重。溫公著作通鑑時，對於興亡大事，每提出檢討，發論以明之；不過，溫公所強調的，大都是較特別的例子，對於後人警惕性較大的，才加以討論。如：

1.秦始皇帝二十五年（公元前二二二），大興兵，使王賁攻遼東，虜燕王喜，燕亡。

秦滅燕的遠因，固然是吞併天下的野心；近因則是燕太子丹派刺客荊軻行刺始皇。僥倖求逞，非有國有家者所當為，故溫公論曰：「燕丹不勝一朝之忿以犯虎狼之秦，輕慮淺謀，挑怨速禍，使召公之廟不祀忽諸，罪孰大焉！而論者或謂之賢，豈不過哉！夫為國家者，任官以才，立政以禮，懷民以仁，交鄰以信；是以官得其人，政得其節，百姓懷其德，四鄰親其義。夫如是，則國家安如磐石，熾如焱火，觸之者碎，犯之者焦，雖有強暴之國，尚何足畏哉！丹釋此不為，顧以萬乘之國，決匹夫之怒，逞盜賊之謀，功隳身戮，社稷為墟，不亦悲哉！」㉝

2.秦始皇帝二十六年（公元前二二一），秦將王賁滅齊，至此，六國均亡，天下一統。六國之人民土地數倍於秦，而為秦逐一擊破，君死國滅，有其根本原因，溫公論曰：「從衡之說，雖反覆百端，然大要合縱者，六國之利也。昔先王建萬國，親諸侯，使之朝聘以相交，饗宴以相樂，會盟以相結者，無他，欲其同心勠力以保家國也。　使六國能以信義相親，則秦雖強暴，安得而亡之哉！天三晉者，齊楚之藩蔽；齊楚者，三晉之根柢；形勢相資，表裏相依。故以三晉而攻齊楚，自絕其根柢也；以齊楚而攻三晉，自撤其藩蔽也。安有撤其藩蔽以媚盜，曰『盜將愛我而

不攻』，豈不悖哉！」㉞

3.漢高帝元年（公元前二〇六），沛公劉邦至霸上，秦王子嬰降，秦亡。溫公引賈誼論曰：「秦以區區之地致萬乘之權，招八州而朝同列，百有餘年。然後以六合爲家，殽函爲宮；一夫作難而七廟墮，身死人手，爲天下笑者，何也？仁誼不施而攻守之勢異也。」㉟

4.晉愍帝建興四年（公元三一六），匈奴劉曜攻陷長安，愍帝出降，西晉亡。溫公引干寶之論，敍晉之失在不培養根本：「朝寡純德之人，鄉乏不貳之老，風俗淫僻，恥尚失所。學者以莊老爲宗而黜六經，談者以虛蕩爲辨而賤名檢，行身者以放濁爲通而狹節信，進仕者以苟得爲貴而鄙居正，當官者以望空爲高而笑勤恪……禮法刑政，於此大壞，『國之將亡，本必先顚』。」因此，西晉之亡在「樹立失權，託付非才，四維不張而苟且之政多也。」㊱

三 人主有大德略

君主專制時代，人主與國脈相繫，正史均有「本紀」，記帝王之事，於此可見人主對國家影響之大。因此，人主的思慮言行，直接間接都與國事有關。通鑑之中，記載很多人主的私德與謀略，這些德略影響到國事，溫公卽立言以論之。

溫公論人主之事，缺失居多。尋其用心，是覺得居權太大，稍有所偏，影響國家甚鉅。因此，殷殷申論，以作勸戒。茲分慾念、器量、膽識、德業數項，加以敘述：

㈠慾念

1.奢侈

(1)漢武帝後元二年（公元前八七），帝崩。帝好宮室狗馬，故溫公引班固贊曰：「如武帝之雄材大略，不改文景之恭儉以濟斯民，雖詩書所稱，何有加焉！」溫公亦自論曰：「孝武窮奢極欲，繁刑重斂，內侈宮室，外事四夷，信惑神怪，巡遊無度，使百姓疲敝，起為盜賊，其所以異於秦始皇無幾矣！」㊲

(2)唐玄帝開元二年（公元七一四），上以風俗奢靡，敕減乘輿服御、金銀器玩，后妃以下毋得服珠玉錦繡，並減百官服飾。溫公論曰：「明皇之始欲為治，能自刻厲節儉如此，晚節猶以奢敗；甚哉奢靡之易以溺人也！詩云：『靡不有初，鮮克有終。』可不慎哉！」㊳

(3)唐肅宗至德元載（公元七五六），初，上皇每酺宴，設雅樂、鼓吹、胡樂、雜戲；並有宮人、舞馬、犀、象之舞，安祿山見而悅之。祿山既克長安，命搜捕樂工，運載樂器、舞衣，驅舞馬、犀、象皆詣洛陽。溫公論曰：「聖人以道德為麗，仁義為樂……明皇恃其承平，不思後患，殫耳目之玩，窮聲技之巧……豈知大盜在旁，已有窺窬之心，卒致鑾輿播越，生民塗炭。乃知人君崇華靡以示人，適足為大盜之招也。」㊴

2.私財

唐德宗貞元四年（公元七八八），上數有宣索。溫公論曰：「王者以天下為家，天下之財皆其有也。阜天下之財養天下之民，己必豫焉。或乃更為私藏，此匹夫之鄙志也。」㊵

㈡器量

人主所以能統御天下，驅策賢士豪傑，宏雅的器量是重要因素。大略開國君主，器量弘偉；繼體君主，則格局漸狹。然亦有例外，如劉裕於平桓玄之亂時，誅玄官刁逵及其宗族，玄官王謐則任為侍中、領司徒、揚州刺史、錄尚書事。因王謐曾德裕而刁逵曾仇裕，而有此殊遇。溫公引蕭方等之言曰：「夫蛟龍潛伏，魚蝦褻之。是以漢高赦雍齒，魏武免梁鵠，安可以布衣之嫌而成萬乘之隙也！今王謐為公，刁逵亡族，醻恩報怨，何其狹哉！」㊶

人主量狹則驕矜，猜忌易生於胸中，如：

1.驕矜

⑴漢獻帝建安十三年（公元二〇八），益州牧劉璋聞曹操克荊州，遣別駕張松致敬於操。操時已定荊州，走劉備，不復存錄松。主簿楊脩白操辟松，操不納；松以此怨，歸，勸劉璋絕操，與劉備相結，璋從之。

溫公引習鑿齒之論曰：「昔齊桓一矜其功而叛者九國；曹操暫自驕伐而天下三分。皆勤於數

十年之內而棄於俯仰之頃，豈不惜乎！」㊷

⑵晉孝武帝太元十年（公元三八五），後秦王萇索傳國璽於秦王堅，求爲禪代，堅皆不許，萇殺堅。

溫公論曰：「論者皆以爲秦王堅之亡，由不殺慕容垂、姚萇故也。臣獨以爲不然……使堅治國無失其道，則垂、萇皆秦之能臣也，烏能爲亂哉！堅之所以亡，由驟勝而驕故也。」㊸

2.猜忌

⑴魏文帝黃初七年（公元二二六），帝殂。文帝量狹，以私恨殺鮑勛、辱殺于禁、薄恩於兄弟。溫公引陳壽評曰：「文帝天資文藻，下筆成章，博聞強識，才藝兼該。若加之曠大之度，勵以公平之誠，邁志存道，克廣德心，則古之賢主，何遠之有哉！」㊹

⑵魏明帝景初三年（公元二三九），帝殂。帝猜忌宗室，故殂後大權落入司馬懿、曹爽之手。溫公引孫盛論，謂明帝「沈毅好斷」「優禮大臣」「然不思建德垂風，不固維城之基，至使大權偏據，社稷無衞」㊺

⑶晉安帝義熙十三年（公元四一七），劉裕以王鎭惡爲司馬，領馮翊太守，南人多忌之，裕遂以沈田子制之。溫公論曰：「古人有言：『疑則勿任，任則勿疑。』裕既委鎭惡以關中，而復與田子有後言，是鬬之使爲亂也。惜乎，百年之寇，千里之土，得之艱難，失之造次，使豐、鄗

之都復輸寇手。荀子曰：『兼并易能也，堅凝之難。』信哉！」㊻

㈢膽識

人主繼器量之後，須有膽識。識是看得透，膽是敢於行。人主之職在綜理臣下的聞見思慮，加以判斷，一經決定必須勇於執行。因此，須有膽識，才能將雄偉的器量具體化，成就功業。膽識之積極表現是明達，如陷於闇蔽、優柔則是缺乏膽識之故。

1. 明達

(1)漢昭帝元鳳元年（公元前八〇），上官桀詐令人爲燕王上書以誣霍光，帝時年十四，識其詐。溫公引李德裕論曰：「人君之德，莫大於至明，明以照姦，則百邪不能蔽矣，漢昭帝是也。」㊼

(2)唐太宗貞觀十七年（公元六四三），立晉王治爲皇太子。太宗本愛魏王泰，欲立爲太子，後經羣臣諫諍，卒立晉王，謂侍臣曰：「我若立泰，則是太子之位可經營而得。自今太子失道，藩王窺伺者，皆兩棄之，傳諸子孫，永爲後法。」溫公論曰：「唐太宗不以天下大器私其所愛，以杜禍亂之原，可謂能遠謀矣！」㊽

2. 闇蔽

(1)漢武帝太始三年（公元前九四），皇子弗陵生，其母趙倢伃，居鉤弋宮，任身十四月，上命其所生門曰堯母門。溫公論曰：「當是時也，皇后、太子皆無恙，而命鉤弋之門曰堯母，非名也。是以姦人逆探上意，知其奇愛少子，欲以爲嗣，遂有危皇后、太子之心，卒成巫蠱之禍。」㊾武帝雖雄才大略；此擧則不明，蔽於恩寵，遂失分寸。

(2)漢宣帝甘露元年（公元前五三），皇太子柔仁好儒，嘗勸上減刑罰、用儒生。帝作色云漢家制度雜以王霸、且俗儒不達時宜。溫公論曰：「王霸無異道……其所以行之，皆本仁祖義，任賢使能，賞善罰惡，禁暴誅亂。」「夫儒有君子、小人，彼俗儒者，誠不足與爲治也，獨不可求眞儒而用之乎！」「孝宣……乃曰王道不可行，儒者不可用，豈不過哉！非所以訓示子孫，垂法將來者也。」㊿

(3)晉簡文帝咸安元年（公元三七一），秦王苻堅已平燕，慕容垂言慕容評爲燕之惡來，請秦王堅戮之，堅乃出評爲范陽太守。溫公論曰：「古之人，滅人之國而人悅，何哉？爲人除害故也。彼慕容評者，蔽君專政，忌賢疾功，愚闇貪虐以喪其國，國亡不死，逃遁見禽，秦王堅不以爲誅首，又從而寵秩之，是愛一人而不愛一國之人也，其失人心多矣！」[51]

(4)隋文帝仁壽四年（公元六〇四），史載帝懲周室諸王微弱，故使諸子分據大鎭，專制方面，權侔帝室。及其晚節，父子兄弟迭相猜忌，五子皆不以壽終。溫公論曰：「昔辛伯諗周桓公曰：『內寵並后，外寵貳政，嬖子配嫡，大都偶國，亂之本也。』人主誠能愼此四者，亂何自生哉？隋高祖徒知嫡庶之多爭，孤弱之易搖，曾不知勢鈞位逼，雖同產至親，不能無相傾奪。考諸辛伯之言，得其一而失其三乎！」[52]

(5)唐高祖武德九年（公元六二六），秦王世民於玄武門伏兵，殺兄太子建成及弟元吉。溫公論曰：「（太宗）爲羣下所迫；遂至蹀血禁門，推刃同氣，貽譏千古，惜哉！夫創業垂統之君，子孫之所儀刑也，彼中、明、肅、代之傳繼，得非有所指擬以爲口實乎！」[53]

3.優柔

(1)漢元帝建昭二年（公元前三七），時中書令石顯專權，與五鹿充宗共用事。京房於宴見之時，引古義諫帝，帝明其意，而不能退石顯。溫公論曰：「人君之德不明，則臣下雖欲竭忠，何自而入乎！觀京房所以曉孝元，可謂明白切至矣，而終不能寤，悲夫！」[54]元帝之所以德不明，實由於優柔，寬仁而不能斷，故知權臣而終不能去也，誠如班彪所云「牽制文義，優游不斷，孝宣之業衰焉。」[55]

(四)德業

人君之德必廣大，而後能創不朽之業。溫公於人君之德，最看重恭儉、信義、仁愛。持己在恭儉，待人重信義，對百姓須仁愛。人君重視或違背這些德行，溫公輒發言論之。

1.恭儉

(1)漢武帝元光五年（公元前一三〇），河間王薨，諡曰獻王。王脩學好古，實事求是，以金帛求四方善書，所得皆古文先秦舊書，中尉常麗謂王：「身端行治，溫仁恭儉。」溫公引班固贊曰：「古人以宴安爲鴆毒，無德而富貴謂之不幸。漢興，至於孝平，諸侯王以百數，率多驕淫失道。何則？沈溺放恣之中，居勢使然也。」㊻由諸侯之放恣，益可見河間獻王恭儉之可貴。

(2)漢武帝後元二年（公元前八七），帝崩。溫公引班固贊曰：「如武帝之雄材大略，不改文、景之恭儉以濟斯民，雖詩書所稱，何有加焉！」㊼蓋惜武帝之侈宮室、事四夷，爲大德之瑕也。

2.信義

(1)漢獻帝建安十三年（公元二〇八），曹操下荊州，時劉備屯樊，或勸備攻荊州，備以不願背劉表約，不從；衆十餘萬人擁備而行，或勸其棄衆以速行，備不忍。溫公引習鑿齒論曰：「劉玄德雖顚沛險難而信義愈明，勢偪事危而言不失道。追景升之顧，則情感三軍；戀赴義之士，則甘與同敗。終濟大業，不亦宜乎！」㊽

(2)唐太宗貞觀十七年（公元六四三），帝許薛延陀婚，既而絕之，褚遂良及羣臣諫上不可失信，上不聽。溫公論曰：「孔子稱去食、去兵，不可去信。唐太宗審知薛延陀不可妻，則初勿許其婚可也；既許之矣，乃復恃強棄信而絕之，雖滅薛延陀，猶可羞也！王者發言出令，可不愼哉！」[59]

(3)唐憲宗元和十四年（公元八一九），袞、海、沂、密觀察使王遂苛虐，爲役卒王弁所殺。朝廷詐除弁開州刺史，俟其衆散去，於途械之，腰斬東市。曹華亦以詐屠鄆軍千二百人。溫公論曰：「春秋書楚子虔蔡侯般殺之于申。彼列國也，孔子猶深貶之，惡其誘討也，況爲天子而誘匹夫乎！」又曰：「然則自今士卒孰不猜其將帥，將帥何以令其士卒！」「憲宗削平僭亂，幾致升平，其美業所以不終，由苟徇近功不敦大信故也。」[60]

3.仁愛

(1)漢成帝綏和二年（公元前七），熒惑守心，賁麗言大臣宜當之，上乃諭丞相翟方進自殺。溫公論曰：「昔楚昭王、宋景公不忍移災於卿佐，曰：『移腹心之疾，寘諸股肱，何益也！』藉其災可移，仁君猶不忍爲，況不可乎！」[61] 蓋責成帝之不克仁愛也。

(2)晉安帝義熙六年（公元四一〇），劉裕下廣固，滅南燕。裕忿廣固久不下，欲盡坑之，以韓範諫，猶斬王公以下三千人。溫公論曰：「劉裕始以王師翦平東夏，不於此際旌禮賢俊，慰撫疲民，宣愷悌之風，滌殘穢之政，使羣士嚮風，遺黎企踵，而更恣行屠戮以快忿心；迹其施設，曾苻、姚之不如，宜其不能蕩壹四海，成美大之業，豈非雖有智勇而無仁義使之然哉！」[62]

四　人臣有大德略

漢書魏相、丙吉傳贊云：「經謂君爲元首，臣爲股肱，明其一體相待而成也。故君臣相配，古今常道，自然之勢也。」㊸因此，人臣之德行謀略也深深影響到國家政事，凡是政治上軌道的時代，上有明君、下有賢臣，是必具的條件。相對的，政治的昏亂，大都由於君臣不能有大德遠略，苟且營私，不明治道之故。

歷史必須觀察全面，要注意治世，也要注意亂世；重視人主的德略，也重視士臣的德略。歷史家希望在錯綜複雜的事務中，理出一些可以遵循的原則，因此，溫公對於人臣德略的評論，注意到正反二面，大德遠略與庸劣喪德都加以評論，一方面是指引激勵，另一方面是撻伐警戒。茲以大識、高節、忠誠、威福、傾側、貪慾、無節等七點加以敘述：

(一)大識

1.漢高帝三年（公元前二〇四），漢楚相拒於滎陽、成皋間，高祖謀撓楚權，酈食其勸漢王復立六國後，高祖以爲然，張良以爲有八不可，高祖乃止。若六國之後立，則遊士歸事其主，高祖爭天下之憑藉必失，張良此策挽回高祖之大業。溫公引荀悅論，以爲「立六國，於漢王，所謂割己之有而以資敵，設虛名而受實禍」，張良實解此禍，明於機變，有大見識。㊹

㈡高節

1.梁武帝大通元年（公元五二七），譙州刺史湛僧智圍魏東豫州刺史元慶和於廣陵，司州刺史夏侯夔引兵助僧智，元慶和降。僧智以慶和欲降夏侯夔，且夔軍令嚴，故以受降功讓夔，軍不擾、民不驚，獲男女四萬餘口。溫公論曰：「湛僧智可謂君子矣，忘其積時攻戰之勞，以授一朝新至之將，知己之短，不掩人之長，功成不取以濟國事，忠且無私，可謂君子矣！」⑮

2.唐太宗貞觀二十二年（公元六四八），房玄齡薨，溫公引柳芳之論曰：「玄齡佐太宗定天下，及終相位，凡三十二年，天下號為賢相，然無跡可尋，德亦至矣！故太宗定禍亂而房、杜不言功，王、魏善諫諍而房、杜讓其賢，英、衛善將兵而房、杜行其道，理致太平，善歸人主。為唐宗臣，宜哉！」⑯

3.唐代宗大曆十二年（公元七七七），常袞辭朝廷賜饌，又欲辭堂封（賜帛）。溫公論曰：「君子恥食浮於人；袞之辭祿，廉恥存焉，與夫固位貪祿者，不猶愈乎！詩云：『彼君子兮，不素餐兮！』」⑰常袞雖無大功德，然於濁世知廉恥，則彌足珍貴。

㈢忠誠

1.漢高帝六年（公元前二〇一），天下初定，功臣未盡封，帝於洛陽南宮複道見諸將坐沙中語，問留侯張良：「此何語？」留侯曰：「此謀反耳！」上憂曰：「為之奈何？」留侯勸帝封所憎者雍齒以釋羣疑。溫公論曰：「張良爲高帝謀臣，委以心腹，宜其知無不言；安有聞諸將謀反，必待高帝目見偶語，然後乃言之邪！蓋以高帝初得天下，數用愛憎行誅賞，或時害至公，羣臣往往有觖望自危之心。故良因事納忠以變移帝意，使上無阿私之失，下無猜懼之謀，國家無虞，利及後世。」⑱

2.漢獻帝建安十七年（公元二一二），曹操東擊孫權，董昭等議丞相宜進爵國公，九錫備物，以彰殊勳。荀彧不附衆議，操不悅，彧飲藥卒。溫公論曰：「建安之初，四海蕩覆，尺土一民，皆非漢有。荀彧佐魏武而興之，舉賢用能，訓卒厲兵，決機發策，征伐四克，遂能以弱爲強，化亂爲治，十分天下而有其八，其功豈在管仲之後乎！管仲不死子糾而荀彧死漢室，其仁復居管仲之先矣！」⑲蓋美荀彧之心忠漢室而不惜殺身也。

3.唐玄宗開元三年（公元七一五），時姚崇、盧懷愼俱爲相，懷愼自以才不及崇，每事推之，時人謂之「伴食宰相」。溫公論曰：「崇，唐之賢相，懷愼與之同心戮力，以濟明皇太平之政，夫何罪哉！秦誓曰：『如有一介臣，斷斷猗，無他技；其心休休焉，其如有容；人之有技，若已有之，人之彥聖，其心好之，不啻如自其口出，是能容之，以保我子孫黎民，亦職有利哉！』懷愼之謂矣。」⑳蓋美其以國家爲重而不逞才也。

(四)威福

1.漢宣帝地節四年（公元前六六），故大將軍霍光家謀反，伏誅，連坐數十家。初，霍光權重，政事皆由己出，宣帝初即位，謁見高廟，光驂乘，上內嚴憚之，若有芒刺在背，身死而宗族竟誅。溫公論曰：「霍光之輔漢室，可謂忠矣；然卒不能庇其宗，何也？夫威福者，人君之器也；人臣執之，久而不歸，鮮不及矣。以孝昭之明，十四而知上官桀之詐，固可以親政矣。況孝宣十九即位，聰明剛毅，知民疾苦；而光久專大柄，不知避去，多置私黨，充塞朝廷。使人主蓄憤於上，吏民積怨於下，切齒側目，待時而發，其得免於身幸矣，況子孫以驕侈趣之哉！」⑪

㈤傾側

傾側者，人臣心術不正，行多傾危，甚且覆其宗國者也。其例甚多：

1.周赧王五十年（公元前二六五），秦王因范雎之言，逐穰侯，穰侯出之陶。穰侯乃秦王之舅，於秦功多，范雎欲奪其位，離間舅甥而排擯之。溫公論曰：「若雎者，亦非能為秦忠謀，直欲得穰侯之處，故搤其吭而奪之耳。遂使秦王絕母子之義，失舅甥之恩。要之，雎眞傾危之士哉！」⑫

2.秦始皇帝十四年（公元前二三三），韓王使韓非來聘，非上書願獻亡六國之策。李斯害之，韓非自殺。溫公論曰：「臣聞君子親其親以及人之親，愛其國以及人之國，是以功大名美而享有百福也。今非為秦畫謀，而首欲覆其宗國，以售其言，罪固不容於死矣，烏足愍哉！」⑬

3.漢章帝建初八年（公元八三），皇后兄竇憲專橫，以賤値請奪沁水公主園田，後帝出過園，指以問憲，憲陰喝不得對。發覺，帝大怒，召憲切責之。溫公以爲「人臣之罪，莫大於欺罔，是以明君疾之」，然而章帝不能罪憲，是知惡而不能去也。[74]

4.唐文宗太和六年（公元八三二），上問中書侍郎、同平章事牛僧孺：「天下何時太平？」僧孺對曰：「太平無象。今四夷不至交侵，百姓不至流散，雖非至理，亦謂小康。」以上責望之深，僧孺累表請罷，罷之。溫公論曰：「于斯之時，閽寺專權，脅君於內，弗能遠也；藩鎮阻兵，陵慢於外，弗能制也；士卒殺逐主帥，拒命自立，弗能遠也；軍旅歲興，賦斂日急，骨肉縱橫於原野，杼軸空竭於里閭，而僧孺謂之太平，不亦誣乎？當文宗求治之時，僧孺任居承弼，進則偷安取容以竊位，退則欺君誣世以盜名，罪孰大焉！」[75]

5.唐文宗太和九年（公元八三五），宰相李訓與鄭注謀誅宦官，行事不周密，百官反爲宦官所害（史稱「甘露之禍」）王涯、賈餗依附訓、注，同遭族誅。溫公論曰：「夫顛危不扶，焉用彼相！涯、餗安高位，飽重祿；訓、注小人，窮奸究險，力取將相。涯、餗與之比肩，不以爲恥；國家危殆，不以爲憂。偷合苟容，日復一日，自謂得保身之良策，莫我如也。若使人人如此而無禍，則奸臣孰不願之哉！一旦禍生不虞，足折刑剭，蓋天誅之也！」[76]

(六)貪慾

1.南朝宋文帝元嘉十七年（公元四四〇），帝羸疾，彭城王義康專總朝權，領軍劉湛謀於帝晏駕後，以義康承大位。謀泄，收誅劉湛，遣義康出鎮豫章。溫公論曰：「文帝之於義康，友愛之情，其始非不隆也；終於失兄弟之歡，虧君臣之義。迹其亂階，正由劉湛權利之心無有厭已。詩云：『貪人敗類』，其是之謂乎！」⑰

2.唐則天后光宅元年（公元六八四），諸武用事，眉州刺史李敬業起兵，以討武后爲名。魏思溫說李敬業直指洛陽，敬業誣信薛仲璋「金陵有王氣」之言，逡巡不進，爲李孝逸所敗。溫公引陳嶽論曰：「敬業苟能用魏思溫之策，直指河、洛，專以匡復爲事，縱軍敗身戮，亦忠義在焉。而妄希金陵王氣，是眞爲叛逆，不敗何待！」⑱

(七)無節

1.漢高帝五年（公元前二〇二），斬丁公。初，丁公爲項羽將，逐窘高帝，帝曰：「兩賢豈相戹哉！」丁公引兵還。及項王滅，丁公謁見，帝以丁公無人臣節，使項王失天下，遂斬之。溫公論曰：「（高祖）苟不明禮義以示之，使爲臣者，人懷貳心以徼大利，則國家其能久安乎？是故斷以大義，使天下曉然知爲臣不忠者無所自容；而懷私結恩者，雖至於活己，猶以義不與也。」⑲

2.後周太祖顯德元年（公元九五四），太師、中書令馮道卒。道自後唐莊宗時始貴顯，累朝不離將、相、三公、三師之位，相五朝、八姓，自號長樂老。

溫公引歐陽修之言曰：「禮義廉恥，國之四維；四維不張，國乃滅亡。禮義，治人之大法；廉恥，立人之大節。況爲大臣而無廉恥，天下其有不亂，國家其有不亡者乎！予讀馮道長樂老敘，見其自述以爲榮，其可謂無廉恥者矣，則天下國家可從而知也。」

溫公亦自論曰：「爲臣不忠，雖復材智之多，治行之優，不足貴矣。何則？大節已虧故也。道之爲相，歷五朝、八姓，若逆旅之視過客，朝爲仇敵，暮爲君臣，易面變辭，曾無愧怍，大節如此，雖有小善，庸足稱乎！」⑧⓪

五　人君逝世

專制時代，人君一生的事業，卽是一國政治的成績，也可作爲後王行事的榜樣。因此，每逢人君逝世時，不論其明昏賢愚，史家照例要爲其一生行事提出評論，溫公通鑑亦酌取史家評論，或自己發言加以評論。

通鑑所載的人君甚多，每位都要加以評論，篇幅過多，也無此必要。溫公所論都是較爲特出的人君，或篤於禮義、或雄才大略、或爲中興之君、或爲亡國之主、或宅心仁厚、或心胸忌刻……其行事足以作爲勸戒者，溫公乃發言論之。

1.漢武帝元光五年（公元前一三〇），河間王薨，王溫仁恭儉，篤敬愛下，明知深察，惠于鰥寡，謚曰獻王。時諸侯王多放肆，唯獻王持身恭謹。溫公引班固贊曰：「古人以宴安爲鴆毒，無德而富貴謂之不幸。漢興，至於孝平，諸侯王以百數，率多驕淫失道。何則？沈溺放恣之中，居勢使然也……『夫唯大雅，卓爾不羣』，河間獻王近之矣。」⑧

2.漢武帝後元二年（公元前八七），帝崩。帝於文治武功均特有建樹，然窮奢極欲，致國勢由極盛而中衰。溫公引班固贊，以爲武帝承襲祖業，多所創建，有三代之風，「如武帝之雄材大略，不改文景之恭儉以濟斯民，雖詩書所稱何有加焉！」溫公亦以爲武帝慾望太重，因而使百姓疲敝，起爲盜賊，幾與秦始皇相類；然而武帝有其長處：「能尊先王之道，知所統守，受忠直之言，惡人欺蔽，好賢不倦，誅賞嚴明，晚而改過，顧託得人。」⑫此則非始皇之剛愎自大所可及，故克興漢室。

3.漢宣帝黃龍元年（公元前四九），帝崩。帝起於微賤，深知民間疾苦，勵精圖治，爲漢中興之主。溫公引班固贊曰：「孝宣之治，信賞必罰，綜核名實。政事、文學、法理之士，咸精其能。至於技巧、工匠、器械，自元、成間鮮能及之。亦足以知吏稱其職，民安其業也。遭值匈奴乖亂，推亡固存，信威北夷，單于慕義，稽首稱藩。功光祖業，業垂後嗣，可謂中興，侔德殷宗、周宣矣！」⑬

4.漢章帝章和二年（公元八八），帝崩。溫公引范曄論曰：「魏文帝稱明帝察察，章帝長者。章帝素知人，厭明帝苛切，事從寬厚；奉承明德太后，盡心孝道；平傜簡賦，而民賴其慶；又體之以忠恕，文之以禮樂。謂之長者，不亦宜乎！」㉔

5.魏文帝黃初七年（公元二二六），帝殂。帝才高而量窄，治道、武功、文學均所獨到，然刻薄寡恩，猜忌骨肉，以私恨誅殺大臣。溫公引陳壽評曰：「文帝天資文藻，下筆成章，博聞強識，才藝兼該。若加之曠大之度，勵以公平之誠，邁志存道，克廣德心，則古之賢主，何遠之有哉！」㉕

6.東晉孝武帝太元十年（公元三八五），秦王苻堅爲後秦王姚萇所殺。秦王堅統一北方，爲五胡之長，然恃勝而驕，攻晉，於淝水一敗塗地，遂爲手下姚萇所害。溫公論曰：「堅之所以亡，由驟勝而驕故也。魏文侯問李克：吳之所以亡，對曰：『數戰數勝』，文侯曰：『數戰數勝，國之福也，何故亡？』對曰：『數戰則民疲，數勝則主驕，以驕主御疲民，未有不亡者也。』秦王堅似之矣。」㉖

六　人臣逝世

人臣所以輔弼君王推行政事，君令於上，臣行於下，配合無間，政治自然就上軌道。人臣之良否，影響國家之巨大自不待言。溫公於人君逝世有評論，於人臣逝世自然也有評論。對於人臣的評論，也經過仔細的選擇，尋找有助於勸戒的例子，或才德有所偏，或為良輔佐，或學術上特有成就……每評論一人，都有深意。

1.周威烈王二十三年（公元前四〇三），智伯與魏桓子、韓康子共擊趙襄子，水灌晉陽。趙襄子乘間與韓魏約，反敗智伯，殺之。溫公論曰：「智伯之亡也，才勝德也……君子挾才以為善，小人挾才以為惡……小人智足以遂其姦，勇足以決其暴，是虎而翼者也，其為害豈不多哉……自古昔以來，國之亂臣，家之敗子，才有餘而德不足，以至於顛覆者多矣，豈特智伯哉！故為國為家者，苟能審於才德之分而知所先後，又何失人之足患哉！」⑧⑦

2.漢宣帝五鳳三年（公元前五五），丞相丙吉薨。溫公引班固贊曰：「古之制名，必由象類，遠取諸物，近取諸身。故經謂君為元首，臣為股肱，明其一體相待而成也。是故君臣相配，古今常道，自然之勢也。近觀漢相，高祖開基，蕭、曹為冠；孝宣中興，丙、魏有聲。是時黜陟有序，衆職修理，公卿多稱其位，海內興於禮讓。覽其行事，豈虛虖哉！」⑧⑧

3.漢和帝永元四年（公元九二），班固卒。固詔侍竇憲，縱容子弟不法，非名臣；然撰有漢書，為史中名著。溫公引華嶠論曰：「固之序事，不激詭，不抑抗，贍而不穢，詳而有體，使讀之者亹亹而不厭，信哉其能成名也！固譏司馬遷是非頗謬於聖人，然其議論，常排死節、否正直，而不鉍殺身成仁之美，則輕仁義、賤守節甚矣！」

4.魏明帝青龍四年（公元二三六），穎靖侯陳羣卒。羣識大體，有大臣之風，前後數陳得失，每上封事，輒削其草，時人及子弟莫能知也。溫公引袁子之論，以爲「夫仁者愛人，施之君謂之忠，施於親謂之孝。今爲人臣，見人主失道，力詆其非而播揚其惡，可謂直士，未爲忠臣也。故司空陳羣則不然，談論終日，未嘗言人主之非；書數十上，外人不知。君子謂羣於是乎長者矣。」

附註

①通鑑十六卷五四六頁。
②通鑑廿一卷六九〇頁。
③通鑑二卷四八頁。
④通鑑一六一八頁。
⑤通鑑一一九卷三七三四頁。
⑥通鑑一二三卷三八六八～三八六九頁。
⑦通鑑六〇五二頁。
⑧通鑑二一三卷六七九六頁。

⑨通鑑四十卷一二八五頁。
⑩通鑑四九卷一五七二頁。
⑪通鑑五七卷一八三六頁。
⑫通鑑二二五卷七二五八頁。
⑬通鑑十一卷三八〇頁。
⑭通鑑五二卷一六九一頁。
⑮通鑑二六三卷八五九六～八五九九頁。
⑯通鑑二八八卷九四一三頁。
⑰通鑑九四卷二九七〇頁。
⑱通鑑二一六卷六八九一頁。
⑲通鑑二二〇卷七〇五〇頁。
⑳通鑑二二〇卷七〇六四～七〇六五頁。
㉑通鑑二四四卷七八七四～七八七五頁。
㉒通鑑七五卷二三六七頁。
㉓通鑑一四一卷四四〇九頁。
㉔通鑑一卷二～六頁。
㉕通鑑十二卷三八五頁。
㉖通鑑三七卷一一八〇頁。

㉗通鑑二一卷七〇〇頁。
㉘通鑑二三卷七七三頁。
㉙通鑑二九卷九四九頁。
㉚通鑑十二卷三八三頁。
㉛通鑑二七卷八八六頁。
㉜通鑑四三卷一三九五頁。
㉝通鑑七卷二三一頁。
㉞通鑑七卷二三四頁。
㉟通鑑九卷二九八頁。
㊱通鑑八九卷二八三六頁。
㊲通鑑廿二卷七四七頁。
㊳通鑑二一一卷六七〇二頁。
㊴通鑑二一八卷六九九四頁。
㊵通鑑二三三卷七五一〇頁。
㊶通鑑一一三卷三五六六頁。
㊷通鑑六五卷二〇九五頁。
㊸通鑑一〇六卷三三四八頁。
㊹通鑑七〇卷二二二八頁。

㊺通鑑七四卷二三四五頁。
㊻通鑑一一八卷三七一四頁。
㊼通鑑二三卷七六三頁。
㊽通鑑一七九卷六一九七頁。
㊾通鑑二二卷七二三頁。
㊿通鑑二七卷八八一頁。
(51)通鑑一〇三卷三二五五頁。
(52)通鑑一八〇卷五六一四頁。
(53)通鑑一九〇卷六〇一三頁。
(54)通鑑二九卷九三〇頁。
(55)通鑑二九卷九五二頁。
(56)通鑑十八卷五八七頁。
(57)通鑑二二卷七四七頁。
(58)通鑑六五卷二〇八三頁。
(59)通鑑一九七卷六二〇二頁。
(60)通鑑二四一卷。
(61)通鑑三三卷一〇五二～一〇五三頁。
(62)通鑑一一五卷三六二七頁。

⑥③漢書七四卷一三九三～一三九四頁。
⑥④通鑑十卷三三三頁。
⑥⑤通鑑一五一卷四七二七頁。
⑥⑥通鑑一九九頁六二六〇～六二六一頁。
⑥⑦通鑑二二五卷七二四七頁。
⑥⑧通鑑十一卷三七〇頁。
⑥⑨通鑑六六卷二一一六頁。
⑦⓪通鑑二一一卷六七〇九頁。
⑦①通鑑廿五卷八二一頁。
⑦②通鑑五卷一六三頁。
⑦③通鑑六卷二二一～二二二頁。
⑦④通鑑四六卷一四九四頁。
⑦⑤通鑑二四四卷七八八〇～七八八一頁。
⑦⑥通鑑二四五卷七九一六～七九一七頁。
⑦⑦通鑑一二三卷三八八九頁。
⑦⑧通鑑二〇三卷六四三一頁。
⑦⑨通鑑十一卷三六〇頁。
⑧⓪通鑑二九一卷九五一〇～九五一二頁。

⑧①通鑑十八卷五八七頁。
⑧②通鑑二二卷七四七～七四八頁。
⑧③通鑑廿七卷八九二頁。
⑧④通鑑四七卷一五一三頁。
⑧⑤通鑑七十卷二二二八頁。
⑧⑥通鑑一〇六卷三三四八～三三四九頁。
⑧⑦通鑑一卷一四頁。
⑧⑧通鑑二七卷八七二～八七三頁。
⑧⑨通鑑四八卷一五三五頁。
⑨⓪通鑑七三卷二三一六～二三一七頁。

第四章 論國策

溫公重本，讀史之目的既然是勸戒，對於古人立國的精神與制度，溫公除了作條理的敍述外，更作了中肯的批評。在這些批評中，可以看出溫公對國策的基本主張。爰分六點敍之：

一 教化

敎化爲立國之根本，孔子答冉有問治民之道，「富之」之後便是「敎之」；孟子論爲國之方，在「老者衣帛食肉，黎民不飢不寒」之後，便是「謹庠序之敎，申之以孝悌之義。」可見敎化影響國政的重大。尤其從長遠來看，敎化更是有價值的投資，可以「勝殘去殺」，使民風祥和。溫公更以爲敎化有其具體的作用，敎化影響風俗，而淳厚剛正的風氣，可以使君子自愛、小人自畏，維繫國家的綱常於不墜。

漢獻帝建安二十四年（公元二一九），孫權上書稱臣於魏王曹操，稱說天命，侍中陳羣等皆勸進，操曰：「若天命在吾，吾爲周文王矣。」

溫公提出評論，以爲「敎化，國家之急務也，而俗吏慢之；風俗，天下之大事也，而庸君忽之。夫惟明智君子，深識長慮，然後知其爲益之大而收功之遠也。」歷敍東漢自光武立國之後，敦尙經術，賓延儒雅，開廣學校，脩明禮樂。孝明帝、孝章帝繼予發揚。是以末世政治雖然衰微，上則有公卿、大夫，袁安、楊震、李固、杜喬、陳蕃、李膺等，用公義以扶其危；下則有布衣之士，符融、郭泰、范滂、許劭之流，立私論以救其敗。「州郡擁兵專地者，雖互相呑噬，猶未嘗不以尊漢爲辭。以魏武之暴戾強伉，加有大功於天下，其蓄無君之心久矣，乃至沒身不敢廢漢而自立，豈其志之不欲哉？猶畏名義而自抑也。」因此，溫公得到這個結論：「由是觀之，敎化安可慢，風俗安可忽哉！」①

㈠敎化以儒學爲本

溫公以爲敎化應以儒學爲本，其餘學術技藝，不得與儒學並齊。宋文帝元嘉十五年（公元四三八），以雷次宗立儒學、何尙之立玄學、何承天立史學、謝元立文學，幷稱四學。溫公論曰：「易曰：『君子多識前言往行以畜其德』，孔子曰：『辭達而已矣。』然則史者儒之一端，文者儒之餘事；至於老、莊虛無，固非所以爲敎也。夫學所以求道；天下無二道，安有四學哉！」②

㈡敎化之目爲禮、義、廉、恥

儒學的內涵博大精深，用於教化，具體的項目便是四維—禮、義、廉、恥。

後周太祖顯德元年（公元九五四），馮道卒。道從唐莊宗世始貴顯，自是累朝不離將、相、三公、三師之位，自號長樂老。溫公引歐陽修論曰：「禮義廉恥，國之四維，四維不張，國乃滅亡。禮義，治人之大法；廉恥，立人之大節。況爲大臣而無廉恥，天下其有不亂，國家其有不亡者乎！予讀馮道長樂老敘，見其自述以爲榮，其可謂無廉恥者矣，則天下國家可從而知也。」③

五代之亡，緣於大臣缺乏廉恥。上溯西晉之亡亦如此：晉愍帝建興四年（公元三一六），以漢劉曜攻長安急，帝出降，晉亡。

溫公引干寶之論曰：「觀阮籍之行而覺禮教崩弛之所由，察庾純、賈充之爭而見師尹之多僻，考平吳之功而知將帥之不讓，思郭欽之謀而寤戎狄之有釁，覽傅玄、劉毅之言而得百官之邪，核傅咸之奏、錢神之論而覩寵賂之彰。」因此，晉之亡在於「樹立失權，託付非才，四維不張而苟且之政多也。」④

㈢教化本於人情

親子之情、兄弟之義、夫婦之愛，出於人情之自然，明主行教化，即須順應人情，導其入於正道。

漢獻帝興平元年（公元一九四），陳宮叛曹操，迎呂布。范令靳允家眷爲呂布所獲，然猶堅守以待操。溫公引徐衆評曰：「允於曹公未成君臣；母至親也，於義應去。衞公子開方仕齊，積年不返，管仲以爲不懷其親，安能愛君！是以求忠臣必於孝子之門；允宜先救至親。徐庶母爲曹公所得，劉備遣庶歸北，欲爲天下者恕人子之情也；曹公亦宜遣允。」⑤

三年之喪，古之通義，制禮的動機卽在於合乎人情，國家不可輕言廢置。

東漢安帝建光元年（公元一二一），復斷二千石以上行三年喪。胡注：元初三年，聽大臣行三年喪，今復斷之。溫公引袁宏論曰：「古之帝王所以篤化美俗，率民爲善，因其自然而不奪其情，民猶有不及者，而況毀禮止哀，滅其天性乎！」⑥

教化之法，須上位者以身化下，其身正，不令而行。如果朝廷風氣不清，則有乖化下之旨。如：

魏明帝景初元年（公元二三七），有司奏以武皇爲魏太祖，文皇帝爲魏高祖，帝爲魏烈祖；三祖之廟，萬世不毀。溫公引孫盛論曰：「夫謚以表行，廟以存容。未有當年而逆制祖先，未終而豫自尊顯。魏之羣司於是乎失正矣。」⑦

二　制禮

周公治國，首在制禮作樂。禮樂猶如國家的骨架，是立國的長遠根基。古人「禮」的涵義較寬，國家的典章制度以至於個人生活的儀節，都是禮的範疇。

溫公以爲天子之職莫大於禮，「夫以四海之廣，兆民之衆，受制於一人，雖有絕倫之力，高世之智，莫不奔走而服役者，豈非以禮爲之紀綱哉！」⑧

漢高帝七年（公元前二〇〇），叔孫通制朝儀，大抵皆襲秦故，而秦禮多尊君抑臣之處。溫公論曰：「禮之爲物大矣！用之於身，則動靜有法而百行備焉；用之於家，則內外有別而九族睦焉；用之於鄉，則長幼有倫而俗化美焉；用之於國，則君臣有敍而政治成焉；用之於天下，則諸侯順服而紀綱正焉；豈直几席之上、戶庭之間得之而不亂哉！夫以高祖之明達，聞陸賈之言而稱善，睹叔孫之儀而歎息；然所以不能肩於三代之王者，病於不學而已。當是之時，得大儒而佐之，與之以禮爲天下，其功烈豈若是而止哉！惜夫，叔孫生之器小也！徒竊禮之糠粃，以依世、諧俗、取寵而已，遂使先王之禮淪沒而不振，以迄于今，豈不痛甚矣哉！」⑨

制禮必須有大儒，了解禮之眞義，如果像叔孫通制禮，只有表面的儀節，不能立禮之本，反而損壞了先王之禮。

唐玄宗開元十九年（公元七三一），選古名將，以備十哲，祭比孔子。溫公以爲此擧不合宜，武臣如太公、孫武等，不可與孔子相抗衡，「所以然者，欲其先禮義而後勇力也。君子有勇而無義爲亂，小人有勇而無義爲盜；若專訓之以勇力而不使之知禮義，奚所不爲矣！」⑩制禮必須合宜，孔子爲萬世師表，太公雖是一代功臣，究竟對後世影響不大，二者祭祀相等，實在不倫。而且，將孫武、吳起與太公相較，亦有鉅細之分，並爲十哲，也不妥當。

禮爲國家之大典，也是敎化的依據。因此，立國必先制禮。但是，制禮者必須是有學有識的大儒，學有所承襲，識則有所斟酌。既能掌握禮的精神，又能配合社會的生活，有本而活潑，這種禮才能切合人情、用於敎化，而行之長久。

三　立法

制禮之後，則須立法。法與禮本相輔相成，健全的禮典與適度的法制相配合，國事才能步上軌道。

溫公以爲立法之道，首在認識「法者天下公器」，法是爲國家所立的，因此，對於任何人都一樣，「親疏如一，無所不行」。法律之前，人人平等，立法之初，卽須注意這種精神。法律公平，「則人莫敢有所恃而犯之也」。⑪

立法的著眼點應是輔導臣民步入正軌的積極作用，而不是如何防止臣民犯錯的消極作用，與利之道應多於防弊之方。

漢靈帝熹平四年（公元一七五），載朝議以州郡相黨，人情比周，乃制婚姻之家及兩州人士不得對相監臨，至是復有三互法。禁忌轉密，選用艱難，幽、冀二州，久缺不補。蔡邕以爲幽冀二州，爲鎧馬所出，比年兵饑至於空耗。而闕職經時，吏民延屬，希望無拘日月、三互之法，速選州牧，以治民事。朝廷不從。

溫公論曰：「叔向有言：『國將亡，必多制。』明王之政，謹擇忠賢而任之，凡中外之臣有功則賞，有罪則誅，無所阿私，法制不煩而天下大治，所以然者何哉？執其本故也。及其衰也，百官之任不能擇人，而禁令益多，防閑益密，有功者以閡文不賞，爲姦者以巧法免誅，上下勞擾而天下大亂。所以然者何哉？逐其末故也。」⑫

防閑多制，眞是逐末之道。蔡邕說當時的幽、冀二州：「兩州懸空，萬里蕭條，無所管繫。」而朝廷却畫地自限，守三互之禁，不敢取用人才，這種法制不但不能強國，適足以敗國了。國家所以能維持安定，主要的力量是法律有威嚴，善人有所保障，小人有所畏懼。如果法律失效，則社會缺乏紀律，爲非作歹的人紛紛起來，國本就要動搖。

漢武帝元朔二年（公元前一二七），軹人郭解之客殺人，解原爲遊俠，平生睚眦殺人甚衆，遂族郭解。

溫公引班固論，以爲周末王室既微，禮樂、征伐自諸侯出；桓文之後，大夫世權，陪臣執命。於是國無紀綱，權豪以私恩結黨，「於是背公死黨之議成，守職奉上之義廢矣！」「非明主在上，示之以好惡，齊之以禮法，民曷由知禁而反正乎！」⑬

又引荀悅論，以爲遊俠、遊說、遊行乃是姦民，「凡此三遊之作，生於季世，周、秦之末尤甚焉。上不明、下不正，制度不立，綱紀弛廢。以毀譽爲榮辱，不核其眞；以愛憎爲利害，不論其實；以喜怒爲賞罰，不察其理……然則利不可以義求，害不可以道避也。是以君子犯禮，小人犯法，奔走馳騁，越職僭度，飾華廢實，競趣時利……於是流俗成而正道壞矣。」⑭

周、秦之末的遊俠，乃由於國法不行，須靠私人的力量以維持秩序，於是私恩起、紀綱廢，以至於風俗敗壞到不可收拾，而至國家敗亡。

故治國之道，不可先壞法制。

後漢隱帝乾祐二年（公元九四九），郭威自河中還，過洛陽。留守王守恩態度怠慢，郭威即以頭子命保義節度使、同平章事白文珂代守恩爲留守。朝廷不之問，以文珂兼侍中、充西京留守。

溫公引歐陽修論曰：「自古亂亡之國，必先壞其法制，而後亂從之，此勢之然也，五代之際是已。文珂、守恩皆漢大臣，而周太祖以一樞密使頭子而易置之，如更戍卒。是時太祖未有無君之志，而所爲如此者，蓋習爲常事，故文珂不敢違，守恩不敢拒。太祖旣處之不疑，而漢廷君臣亦置而不問，豈非綱紀壞亂之極而至於此歟！是以善爲天下慮者，不敢忽於微而常杜其漸也，可不戒哉！」⑮

法令與教化、禮樂必須配合實施，不可徒恃法令，否則刻薄寡恩，不能得百姓之心，國本必不堅固，顧炎武曰：「法令者，敗壞人材之具，以防姦宄，而得之者什三，以沮豪傑而失之者常什七矣。」⑯就是指國家只知用法的弊害。儒家治國之道，本是寬厚愛民，必先經禮樂之化，鼓勵其棄惡向善，如有姦宄之民，圖謀不軌，才用法令來約束。賢明的國君推行政治，必定將禮樂與法令並用，教化與刑罰同行，才能本末具備。

四　選擇

中興以人才爲本，其實任何時候、任何場合，人才都是最重要的。中國古時，崇尚人治，「人存政擧、人亡政息」是常見的現象，更可看出人才影響局勢之大。基於此理，國家選擧人才的制度與做法，是一件大政，主政者必須特別投入心血、智慧、魄力，以選拔最好的人才，發揮最高的行政效率。

㈠選基本官吏——謹愼務實

溫公以爲選舉乃國家大法，不可輕率，必須謹愼行事。基礎人才的選拔，最好能經過長期的考核、有若干經歷，如此，才不會有倖進之人。

漢順帝陽嘉元年（公元一三二），尚書令左雄上言：「孔子曰『四十不惑』，禮稱強仕。請自今，孝廉年不滿四十，不得察舉，皆先詣公府，諸生試家法，文吏課牋奏，副之端門，練其虛實，以觀異能，以美風俗；有不承科令者，正其罪法。若有茂材異行，自可不拘年齒。」帝從之，令「郡國舉孝廉，限年四十以上；諸生通章句，文吏能牋奏，乃得應選。其有茂才異行，若顏淵、子奇，不拘年齒。」

溫公雖以爲限年四十，過於呆板；以顏淵、子奇爲標準，亦屬過高，引袁宏論曰：「夫謀事作制，以經世訓物，必使可爲也。古者四十而仕，非謂彈冠之會必將是年也，以爲可仕之時在於強盛，故擧其大限以爲民衷。且顏淵、子奇，曠代一有，而欲以斯爲格，豈不偏乎！」但是，通鑑又載：「然雄公直精明，能審覈眞僞，決志行之。頃之，胡廣出爲濟陰太守，與諸郡守十餘人皆坐謬擧免黜；唯汝南陳蕃、潁川李膺、下邳陳球等三十餘人得拜郎中。自是牧、守畏慄，莫敢輕擧。迄于永嘉，察選清平，多得其人。」⑰

斟酌溫公的言論，還是讚成左雄的做法。因爲孝廉是基本職位，上有禮法可循，選擇的對象是具有基本知識、若干閱歷，及肯崇法務實之人。因此，限以年齡、課以文書、覈以官事，其目的是謹愼選擇和百姓接觸的基本官吏，使國家在穩定中求發展。

且順帝當時，選舉太濫，崇名而棄實，官吏誠如左雄所言：「謂殺害不辜爲威風，聚斂整辦爲賢能；以治己安民爲劣弱，奉法循理爲不治」「言善不稱德，論功不據實。虛誕者獲譽、拘檢者離毀。」在是非不分、競崇矯飾的風氣裏、立一個具體的標準正是謹愼務實的表現，制度本身也許不夠完美，然而輔以廉能精練的選官，選事自可平穩妥切。

(二)選國家大吏——勿拘法度

至於國家大吏，負方面之重任，決策與作爲影響國家極大。要舉用的是才能卓越、器識深遠的一流人才，自然不能拘於常法，要破格任用。這時，主政者就要有遠大的眼光、雄偉的魄力來提舉人才。楚漢相爭時，漢的韓信、陳平都是有缺陷的人，只因高祖善於任用，終能發揮他們的長才，締造不凡的功業，即是一例。

漢安帝永初元年（公元一〇七），太尉徐防以災異、寇賊策免。司空尹勤以水雨漂流策免。溫公引仲長統昌言之論，以爲東漢自光武帝後，雖置三公、事歸臺閣，而又「權移外戚之家，寵被近習之豎，親其黨類，用其私人」。然而，猶以災異策免三公，實爲舉措失中。又論東漢之選舉：「中世之選三公也，務於清愨謹愼，循常習故者，是乃婦女之檢柙、鄉曲之常人耳，惡足以居斯位邪！」⑱

東漢中世以後，選用三公之法，用於尋常官吏，尚足以守職，用於三公，就不恰當了。三公是國家大吏，要決大疑、定大計，淸慤謹愼、循常習故的人，如何能勝任？魏王曹操用人可以「不仁不孝」，只求有「治國用兵術者」，自然是有所偏；漢世舉三公，唯取小德小行，更缺乏用人的尺度。

五　兵事

兵戎是國之大事，直接關涉到國家的安危。通鑑記載戰爭，都詳盡具體，對於戰爭的起因、經過都作明白敍述，對於戰爭的成敗，更作條理的分析，以作參考和鑑戒。在通鑑史論中，溫公更表現了他對戰爭的看法。

㈠軍旅大事、當審愼爲之

漢武帝太初元年（公元前一〇四），天子使壯士車令等持千金及金馬以請宛之善馬，宛王不與，攻殺漢使。天子大怒，欲伐宛。時李夫人得寵，天子欲侯其兄弟，乃拜李夫人兄廣利爲貳師將軍，發屬國六千騎及郡國惡少年數萬人，以往伐宛。溫公論曰：「武帝欲侯寵姬李氏，而使廣利將兵伐宛，其意以爲非有功不侯，不欲負高帝之約也。夫軍旅大事，國之安危、民之死生繫焉。苟爲不擇賢愚而授之，欲徼幸咫尺之功，藉以爲名而私其所愛，不若無功而侯之爲愈也。然則武帝有見於封國，無見於置將；謂之能守先帝之約，臣曰過矣！」⑲武帝爲了私其所愛，竟然使李廣利將兵伐宛，實在是拿國運民命開玩笑。嗣後，李廣利損兵折將，漢朝雖有力增兵降宛，但已損失大量人力物力。因此，溫公對武帝置將的不妥，提出嚴厲的批評，緣於兵戎大事，絕不可輕率。誠如孫子所說：「兵者國之大事，死生之地，存亡之道，不可不察。」⑳

㈡王者之兵、志在安民

漢光武建武二年（公元二六），赤眉、延岑暴亂三輔，帝遣馮異討之。敕異曰：「三輔遭王莽、更始之亂，重以赤眉、延岑之醜，元元塗炭，無所依訴。將軍今奉辭討諸不軌，營保降者，遣其渠帥詣京師；散其小民，令就農桑；壞其營壁，無使復聚。征伐非必略地、屠城，要在平定安集之耳。」異所至布威信，羣盜多降。溫公曰：「昔周人頌武王之德曰：『鋪時繹思，我徂惟求定。』言王者之兵志在布陳威德安民而已。觀光武之所以取關中，用是道也，豈不美哉！」㉑

自古以來的賢哲，對於戰爭都取審愼的態度，兵凶戰危，投下巨大的人力物力後，無論勝敗都要損失。溫公的觀點，也是如此。王者之兵，只是布威除暴、伐罪弔民，征伐是手段，只在不得已之下才做，安民才是眞正目的。漢光武帝仁愛百姓的胸懷，溫公便大爲讚許，要拿周武王來相比擬，推崇備至。

㈢爲將須嚴

漢武帝元光元年（公元前一三四），衞尉李廣爲驍騎將軍，屯雲中；中尉程不識爲車騎將軍，屯雁門，二將俱有名當時。廣行無部伍、行陳，人人自便，不擊刁斗以自衞，莫府省文書；然遠斥候，未嘗遇害。程不識多煩擾，亦未嘗遇害。士卒多樂從李廣而苦程不識。溫公論曰：「易曰：『師出以律，否臧凶。』言治衆而不用法，無不凶也。李廣之將，使人人自便。以廣之材，如此焉可也；然不可以爲法。何則？其繼者難也；況與之並時而爲將乎！夫小人之情，樂於安肆而昧於近禍，彼既以程不識爲煩擾而樂於從廣，且將仇其上而不服。然則簡易之害，非徒廣軍無以禁虜之倉卒而已也！故曰『兵事以嚴終』，爲將者，亦嚴而已矣。然則傚程不識，雖無功，猶不敗；傚李廣，鮮不覆亡哉！」㉒

戰爭是危險的事，將領要駕御士卒爲國家奮戰，一定要有周密嚴明的紀律爲後盾，否則在艱危之中，誰肯出生入死？因此，御軍之道，與其從寬，不如從嚴。從嚴的弊病少而效率高。部伍、行陣正是訓練士卒守紀律的要素，平日訓練有素，戰時才能臨危不亂。因此，溫公以爲程不識才算正軌，李廣才高，處處簡易，但是不可以爲法則。

六　封建

帝王專制時代，分封親戚，以屏藩朝廷，是國家的重要制度。然而，封建制度要運用得恰好，却是極不容易的事。諸侯封地太小，則沒有屏藩拱衞朝廷的力量；太大，則又形成尾大不掉，反而挾制朝廷，甚至傾覆朝廷。

王莽始建國二年（公元十），五威將帥七十二人還奏事，漢諸侯王爲公者悉上璽綬爲民，無違命者。

溫公引班固之論曰：「昔周封國八百，同姓五十有餘，所以親親賢賢，關諸盛衰，深根固本，爲不可拔者也。故盛則周、召相其治，致刑錯；衰則五伯扶其弱，與共守；天下謂之共主，強大弗之敢傾。歷載八百餘年，數極德盡，降爲庶人，用天年終。秦訕笑三代，竊自號爲皇帝，而子弟爲匹夫，內無骨肉本根之輔，外無尺土藩翼之衞；陳、吳奮其白梃，劉、項隨而斃之。故曰，周過其曆，秦不及期，國勢然也。」㉓

由這段話，可知溫公認爲封建制度爲必須，周所以運長，秦所以短祚，都和封建有關。

然而，如何實行封建？必須講求技術。如漢初「藩國大者夸州兼郡，連城數十，宮室、百官同制京師」，因此「小者淫荒越法，大者睽孤橫逆，以害身喪國」，七國之亂由此而生。而文帝、景帝、武帝相繼設法削減諸侯，結果「諸侯惟得衣食租稅，不與政事」「勢與富室亡異」，等到朝廷力量單薄，結果爲外戚王莽所篡。溫公以爲漢初諸侯力量的過大，與武帝以後諸侯力量的單薄，都有所偏，因此，皆產生弊端。

附註

①見通鑑六八卷二一七二～二一七四頁。
②見通鑑一二三卷三八六八～三八六九頁。
③通鑑二九一卷九五一〇～九五一一頁。
④通鑑八九卷二八三四～二八三七頁。
⑤通鑑六一卷一九五二～一九五三頁。
⑥通鑑五〇卷一六一八～一六一九頁。
⑦通鑑七三卷二三一八～二三一九頁。
⑧通鑑一卷二頁。
⑨通鑑十一卷三七五～三七六頁。
⑩通鑑二一三卷六七九六～六七九七頁。
⑪通鑑十四卷四八二頁。
⑫通鑑五七卷一八三六～一八三七頁。

⑬通鑑十八卷六〇六～六〇七頁。
⑭通鑑十八卷六〇七～六〇八頁。
⑮通鑑二八八卷九四一二～九四一三頁。
⑯日知錄十二卷二五七頁人材。
⑰通鑑五一卷一六五八～一六六一頁。
⑱通鑑四九卷一五七一～一五七二頁。
⑲通鑑二一卷六九九～七〇〇頁。
⑳孫子兵法始計篇。
㉑通鑑四十卷一三〇六～一三〇七頁。
㉒通鑑十七卷五七七～五七八頁。
㉓通鑑三七卷一一七八頁。

第五章　論君道

領導人物是一個團體的靈魂，效率的高低、風氣的好壞往往決定於領導者。尤其在專制政體之下，國君握有絕對的權力，賢明與否，決定國運的盛衰。溫公熟觀史書，了解國家的興亡與國君關係的密切，因此，在撰寫通鑑時，對於國君的修養與措施，有值得後世參考或鑑戒的地方，都加以評論提示。綜而觀之，可以歸納出溫公對爲君之道的完整理論。

一　有關修身、齊家者

國君的德行和一般人不同，一般人不修德養行，妨害的只有少數，國君則影響全國。尤其，政教的推行和在位者的德行極有關係，上行下效，風動草偃，孔子說：「其身正，不令而行。其身不正，雖令不從。」又說：「苟正其身矣，於從政乎何有？不能正其身，如正人何？」說的卽是此理。溫公史論，以爲國君在修身、齊家上，應該：

㈠以大度、明斷、納諫爲表徵

1.大度

國君面對的是衆多的臣民、繁雜的政事，必須有寬宏的氣度，才能從容不迫、井井有條。觀歷代開國之君，都有大度，始能克服羣雄、得到君位，其重要性可知。在歷史上，也有國君氣度狹小的，溫公必加以批評：

(1)魏文帝黃初七年（公元二二六），帝殂。文帝曾以私恨殺鮑勛；又以在東宮時，從曹洪貸絹百匹，不稱意，欲置之死，賴卞太后救乃免；帝亦乏友于之愛，兄弟或竄或貶，不得聚首。溫公引陳壽評曰：「文帝天資文藻，下筆成章，博聞強識，才藝兼該。若加之曠大之度，勵以公平之誠，邁志存道，克廣德心，則古之賢主，何遠之有哉！」①

(2)魏明帝景初三年（公元二三九），帝殂。帝猜忌宗室，致令大權落入司馬懿手中，魏卒以亡。溫公引孫盛論曰：「魏明帝天姿秀出……而沈毅好斷。初諸公受遺輔導，帝皆以方任處之，政自己出。優禮大臣，開容善直，雖犯顏極諫，無所摧戮，其君人之量如此其偉也。然不思建德垂風，不思維城之基，至使大權偏據，社稷無衞，悲夫！」②

(3)晉安帝元興三年（公元四〇四），劉裕敗桓玄二將、走桓玄，裕班師入建康。玄黨王謐與裕有舊，乃以謐爲侍中、領司徒、揚州刺史、錄尚書事；刁逵曾迫辱裕，棄城走，爲其下所執，裕斬之於石頭，子姪無少長皆死。溫公引蕭方等論曰：「夫蛟龍潛伏、魚蝦褻之。

是以漢高赦雍齒、魏武免梁鵠，安可以布衣之嫌而成萬乘之隙也！今王謚爲公，刁逵亡族，讎恩報怨，何其狹哉！」③

魏文帝與宋武帝都因小恩小怨，立予讎報，和一般人相同，完全失掉國君的氣度。一般人有敵對者，國君則天下人皆爲子民，立場完全不同，當本愛民如子之心，揚棄怨隙，撫恤有加，才是君王的氣度。魏明帝雖對大臣寬大，對宗室則猜忌，終至政移權臣，也是不夠寬宏所致。觀魏、宋的國祚都不長久，這和君主量狹、臣民不附有關。

2.明斷

面對紛擾繁冗的政事，要能處理得適當而有時效，必須至明能斷。明斷需要智慧與魄力，缺其一都不能濟事。

(1)漢昭帝元鳳元年（公元前八〇），上官桀詐令人爲燕王上書，言大將軍霍光出都肄郎、羽林，又擅調益莫府校尉，疑有非常。昭帝謂光曰：「將軍之廣明都郎，近耳；調校尉以來，未能十日，燕王何以得知之？且將軍爲非，不須校尉。」斷定此書有詐。溫公引李德裕論曰：「人君之德，莫大於至明，明以照姦，則百邪不能蔽矣，漢昭帝是也。周成王有慚德矣；高祖、文、景俱不如也。成王聞管、蔡流言，遂使周公狼跋而東。漢高聞陳平去魏背楚，欲捨腹心臣。漢文惑季布使酒難近，罷歸股肱郡；疑賈生擅權紛亂，復疏賢士。

景帝信誅晁錯兵解，遂戮三公。所謂『執狐疑之心，來讒賊之口』。使昭帝得伊、呂之佐，則成、康不足侔矣。」④

昭帝當時才十四歲，腦筋的反應竟如此靈敏，令人佩服。這種明察不但使上官桀等不得行詐僞，且使霍光能盡心事主。君臣和睦的基礎，在於國君之明。

(2)漢元帝初元二年（公元前四七），弘恭、石顯誣陷蕭望之，望之自殺，帝爲之不食涕泣，然終不誅顯等。溫公論曰：「甚矣孝元之爲君，易欺而難悟也！夫恭、顯之譖訴望之，其邪說詭計，誠有所不能辨也。至於始疑望之不肯就獄，恭、顯以爲必無憂，已而果自殺，則恭、顯之欺亦明矣。在中智之君，孰不感動奮發以底邪臣之罰！孝元則不然。雖涕泣不食以傷望之，而終不能誅恭、顯，纔得其免冠謝而已。如此，則姦臣安所懲乎！是使恭、顯得肆其邪心而無復忌憚者也。」⑤

(3)唐德宗貞元三年（公元七八七），上畋於新店，入民趙光奇家，問：「百姓樂乎？」對曰：「不樂。」上問其故，對云詔令不信。稅重而民勞，詔書優恤，徒空文而已。上命復其家。溫公論曰：「甚矣德宗之難寤也……德宗幸以遊獵得至民家，値光奇敢言而知民疾苦，此乃千載之遇也。固當按有司之廢格詔書，殘虐下民，橫增賦斂，盜匿公財、及左右諂諛日稱民間豐樂者誅之；然後洗心易慮，一新其政，屏浮飾，廢虛文，謹號令，敦誠信，察眞僞，辨忠邪，矜困窮，伸冤滯，則太平之業可致矣！釋此不爲，乃復光奇家；夫以四海之廣，兆民之衆，又安得人人自言於天子之門而戶戶復其傜賦乎！」⑥

漢元帝與唐德宗的弊病如出一轍：雖經大事直言，但是感悟不出眞正的原因，因此，拿不出根本的方法。元帝爲哀悼蕭望之而不食，德宗爲民困而復趙光奇家，都只是婦人之仁，缺乏國君應有的明斷。

(4)漢元帝建昭二年（公元前三七），東郡京房善易，其說長於災變，上疏屢言災異，有驗。天子說之，數召見問。京房以爲孝元即位以來，日月失明，星辰逆行，災異屢見，緣於任用非人。房多方譬喻，元帝亦知其指石顯，然終不能去。溫公論曰：「人君之德不明，則臣下雖欲竭忠，何自而入乎！觀京房所以曉孝元，可謂明白切至矣，而終不能寤，悲夫！詩曰：『匪面命之，言提其耳。匪手携之，言示之事。』又曰：『誨爾諄諄，聽我藐藐。』孝元之謂矣！」⑦

漢元帝處理弘恭、石顯誣陷蕭望之一事，或可稱爲智不能明，然而至於京房指明石顯爲佞人之後，元帝也不能將其廢退，可說既不能明又不能斷了。

(5)魏明帝景初元年（公元二三七），詔散騎常侍劉劭作考課法。司隸校尉崔林、黃門侍郎杜恕皆以爲考課不如得人。司空掾傅嘏以爲當先著意建官均職，清理民物，立國之本，考課乃末節。溫公論曰：「爲治之要，莫先於用人，而知人之道，聖賢所難也。是故求之於毀譽，則愛憎競進而善惡渾殽；考之於功狀，則巧詐橫生而眞僞相冒。要之，其本在於至公至明而已矣。爲人上者至公至明，則羣下之能否焯然形於目中，無所復逃矣。苟爲不公不明，則考課之法，適足爲曲私欺罔之資也。」⑧

(6)唐高祖武德九年（公元六二六），上患吏多受賕，密使左右試賂之。有司門令史受絹一匹，上欲殺之，民部尚書裴矩諫曰：「爲吏受賂，罪誠當死；但陛下使人遺之而受，乃陷人於法也，恐非所謂『道之以德、齊之以禮。』」上悅。溫公論曰：「古人有言：君明臣直。裴矩佞於隋而忠於唐，非其性之有變也；君惡聞其過，則忠化爲佞；君樂聞直言，則佞化爲忠。是知君者表也，臣者景也，表動則景隨矣。」⑨

國君至公至明，對於羣臣，既觀其迹、又察其心，詐僞不生，才與不才立見，憑考課實不能得賢才。而且，國君能明斷，則姦僞不生，「能使枉者直」，裴矩佞於隋而忠於唐，即是例證。

3.納諫

人都有過失，尤其是國君，日理萬機，斟酌權衡之間，必不免有偏差。國君有過不足畏，怕的是固執已過，不肯遷善。因此，陽明先生敎條示龍場諸生云：「不貴於無過，而貴於能改過。」國君聞過於羣臣之口，只有忠君愛國之士，才會勸諫，能受勸諫也等於禮遇大臣。納諫實爲國君不可缺的修養。

(1)周顯王四十八年（公元前三二一），孟嘗君聘於楚，楚王遺之象牀，其門人公孫戌貪賂而諫，以爲諸侯皆慕孟嘗君者，以其能振達貧窮，存亡繼絕，故悅君之義，慕君之廉，不可以受象牀。孟嘗君後知其詐，猶受其言。溫公論曰：「孟嘗君可謂能用諫矣。苟其言之善也，雖懷詐諼之心，猶將用之，況盡忠無私以事其上乎？詩云：『采葑采菲，無以下體。』孟嘗君有焉！」⑩

溫公以爲孟嘗君乃是「姦人之雄」，評價不高，但是對於他能接受勸諫，却大加讚揚，可見溫公對納諫的重視。人性的弱點——愛聽讚美的話，惡聞規過之言，甚至連締造大功業的賢君都不例外：

(2)漢光武帝建武十五年（公元三九），大司徒韓歆免。歆好直言，無隱諱，帝每不能容。歆以直言免歸，帝猶不釋，復遣使宣詔責之，歆及子嬰皆自殺。歆素有重名，死非其罪，衆多不厭。溫公論曰：「昔高宗命說曰：『若藥弗瞑眩，厥疾弗瘳。』夫切直之言，非人臣之利，乃國家之福也。是以人君日夜求之，唯懼弗得聞。惜乎！以光武之世而韓歆用直諫死，豈不爲仁明之累哉！」⑪

(3)唐高祖武德元年（公元六一八），上以舞胡安比奴爲散騎侍郎。禮部尚書李綱諫，以爲古者樂工不與士齒，且天下新定，建義功臣，行賞未遍，高才碩學，猶滯草萊，不可以先擢舞胡。高祖不從，曰：「吾業已授之，不可追也。」溫公引陳嶽論曰：「受命之主，發號出令，爲子孫法；一不中理，則爲厲階。今高祖曰『業已授之，不可追』，苟授之而是，則已；授之而非，胡不可追歟！君人之道，不得不以『業已授之』爲誡哉！」⑫

漢光武帝、唐高祖都是開國之君，理應氣宇恢宏、大度能容。但是，明知錯誤却不能接受，有損大德，委實令人惋惜。

㈡以仁義、恭儉、守信、正己爲內涵

1.仁義

人君之德，仁義是最主要的內涵。孔子言仁、孟子講義，仁義是儒家的基本主張，它的涵蓋也大。

⑴周顯王三十三年（公元前三三六），孟子見梁惠王，王問何以利吾國？孟子對曰：「君何必曰利，仁義而已矣……上下交征利而國危矣。未有仁而遺其親者也，未有義而後其君者也。」初，孟子師子思，嘗問牧民之道何先。子思曰：「先利之。」孟子曰：「君子所以教民者，亦仁義而已矣，何必利？」子思曰：「仁義固所以利之也。上不仁則下不得其所，上不義則下樂爲詐也，此爲不利大矣。故易曰：『利者，義之和也。』又曰：『利用安

身，以崇德也。』此皆利之大者也。」溫公論曰：「子思、孟子之言，一也。夫唯仁者爲知仁義之爲利，不仁者不知也。故孟子對梁王直以仁義而不及利者，所與言之人異故也。」⑬

(2)漢武帝元封三年（公元前一〇八），定朝鮮，爲樂浪、臨屯、玄菟、眞番四郡。溫公引班固論曰：「玄菟、樂浪本箕子所封。昔箕子居朝鮮，教其民以禮義，田蠶織作，爲民設楚八條，相殺，以當時償殺；相傷，以穀償；相盜者，男沒入爲其家奴，女爲婢；欲自贖者人五十萬，雖免爲民，俗猶羞之，嫁娶無所售。是以其民終不相盜，無門戶之閉，婦人貞信不淫辟。其田野飲食以籩豆，都邑頗放效吏，往往以杯器食。郡初取吏於遼東，吏見民無閉藏，及賈人往者，夜則爲盜，俗稍益薄，今於犯禁寖多，至六十餘條。可貴哉，仁賢之化也！」⑭

(3)漢光武帝建武元年（公元二五），載：初，宛人卓茂，寬仁恭愛，恬蕩樂道，雅實不爲華貌，行己在於清濁之間。哀、平間爲密令，以仁愛禮義化民，毋使紛爭，數年教化大行，道不拾遺。及王莽居攝，以病免歸。上卽位，先訪求茂，詔曰：「夫名冠天下，當受天下重賞。今以茂爲太傅，封褒德侯。」溫公論曰：「孔子稱『舉善而教不能則勸』，是以舜舉皋陶，湯舉伊尹，而不仁者遠，有德故也。光武卽位之初，羣雄競逐，四海鼎沸，彼摧堅陷敵之人，權略詭辯之士，方見重於世，而獨能取忠厚之臣，旌循良之吏，拔於草萊之中，寘諸羣公之首，宜其光復舊物，享祚久長，蓋由知所先務而得其本原故也。」⑮

子思、孟子都是古時的賢哲，他們高瞻遠矚的提出：仁義是國君治國的基本精神，國君賦含仁義，正符合國家的長遠利益。箕子治朝鮮，民無閉藏；卓茂治密，道不拾遺，都是仁賢化民的具體成績，因而漢光武帝卽位之初，卽訪求卓茂，任以高位、封以厚爵。

相對的，如果不重仁義，雖然偶有近利，却有遠害。

(4)漢高帝元年（前二〇六），沛公至霸上，秦王子嬰降，秦亡。溫公引賈誼論曰：「秦以區區之地致萬乘之權，招八州而朝同列，百有餘年，然後以六合爲家，殽、函爲宮；一夫作難而七廟墮，身死人手，爲天下笑者，何也？仁誼不失而攻守之勢異也。」⑯

(5)晉安帝義熙六年（公元四一〇），劉裕下廣固，滅南燕。裕忿廣固久不下，欲盡阬之，以妻女賞將士，以韓範之諫而止。然猶斬王公以下三千人，沒入家口萬餘。溫公論曰：「晉自濟江以來，威靈不競，戎狄橫騖，虎噬中原。劉裕始以王師翦平東夏，不於此際旌禮賢俊，慰撫疲民，宣愷悌之風，滌殘穢之政，使羣士嚮風，遺黎企踵，而更恣行屠戮以快忿心；迹其施設，曾苻、姚之不如，宜其不能蕩壹四海，成美大之業，豈非雖有智勇而無仁義使之然哉！」⑰

國家不行仁義，則不能延攬人心，以固國基；只憑智勇或威勢，缺乏根本，一遇變故，就土崩瓦解了。

2.恭儉

國君擁有全國的臣民與貨財，如被情感慾望所動，節度一失，很容易驕矜奢侈、敗德喪身。要將國事理好，且導民入軌，恭儉是國君的重要賦含。恭謹待人、敬愼處事，才能創業重統或者守而毋失；否則，容易失敗。

(1)漢獻帝建安十三年（公元二〇八），益州牧劉璋聞曹操克荆州，遣張松致敬於操，時操已定荆州，走劉備，不復存錄松。松以此怨，歸，勸劉璋絕操，與劉備相結，璋從之。溫公引習鑿齒論曰：「昔齊桓一矜其功而叛者九國；曹操暫自驕伐而天下三分。皆勤之於數十年之內而棄之於俯仰之頃，豈不惜乎！」⑱

(2)晉孝武帝太元十年（公元三八五），秦王苻堅爲後秦王姚萇所殺。溫公論曰：「論者皆以爲秦王堅之亡，由不殺慕容垂、姚萇故也。臣獨以爲不然。許劭謂魏武帝治世之能臣，亂世之姦雄。使堅治國無失其道，則垂、萇皆秦之能臣也，烏能爲亂哉！堅之所以亡，由驟勝而驕故也。魏文侯問李克：吳之所以亡，對曰：『數戰數勝。』文侯曰：『數戰數勝，國之福也，何故亡？』對曰：「數戰則民疲，數勝則主驕，以驕主御疲民，未有不亡者也。』秦王堅似之矣。」⑲

曹操與苻堅，由其功業上看，都是能力極強的人。他們所以能渾一局部，由於能力強；所以不能奄有全國，由於驕矜敗業。領袖人物，宜戒驕心。

國君除了戒驕矜之外，應戒奢侈。由於國君可以支配全國的貨財，如存奢侈之心，則可能竭天下財以滿足一己的私慾，結果弄得民貧國弊。

(3)漢景帝後三年（公元前一四一），帝崩。溫公引班固贊曰：「孔子稱：『斯民也，三代之所以直道而行也。』信哉！周、秦之敝，罔密文峻，而姦軌不勝。漢興，掃除煩苛，與民休息；至於孝文，加之以恭儉；孝景遵業。五六十載之間，至於移風易俗，黎民醇厚。周云成、康，漢言文、景，美矣！」⑳

漢朝文、景二帝的恭儉，不但將秦末的百孔千瘡，培養成安樂富足，奠定漢帝國的深厚基礎，而且移風易俗、黎民醇厚，恭儉以化下的功用，確實很大。

但是，歷史上的國君，能如漢文、景的却不多。溫公於撰史時，對於國君的奢侈，常常分析其弊害，對世人提出殷殷的告誡。

(4)漢高帝七年（公元前二〇〇），蕭何治未央宮，上見其壯麗甚怒。何曰：「天子以四海爲家，非壯麗無以重威，且無令後世有以加也。」溫公論曰：「王者以仁義爲麗，道德爲威，未聞其以宮室塡服天下也。天下未定，當克己節用以趨民之急，而顧以宮室爲先，豈可謂之知所務哉！昔禹卑宮室而桀爲傾宮，創業垂統之君，躬行節儉以示子孫，其末流猶入於淫靡，況示之以侈乎！乃云『無令後世有以加』，豈不謬哉！至于孝武，卒以宮室罷敝天下，未必不由酇侯啓之也！」㉑

(5)漢武帝後元二年（公元前八七），帝崩。溫公論曰：「孝武窮奢極欲，繁刑重斂，內侈宮室，外事四夷，信惑神怪，巡遊無度，使百姓疲敝，起爲盜賊，其所以異於秦始皇者無幾矣。然秦以之亡，漢以之興者，孝武能尊先王之道，知所統守，受忠直之言，惡人欺蔽，好賢不倦，誅賞嚴明，晚而改過，顧託得人，此其所以有亡秦之失而免亡秦之禍乎！」㉒

(6)唐玄宗開元二年（公元七一四），上以風俗奢靡，敕減乘輿及百官飾物。溫公論曰：「明皇之始欲爲治，能自刻厲節儉如此，晚節猶以奢敗；甚哉！奢靡之易以溺人也！詩云：『靡不有初，鮮克有終。』可不愼哉！」㉓

(7)唐玄宗天寶七載（公元七四八），楊釗（國忠）善窺上意所愛惡而迎之，以聚斂驟遷，歲中領十五餘使，又遷給事中，兼御史中丞，專判度支事，恩幸日隆。溫公引蘇輿論曰：「設官分職，各有司存。政有恆而易守，事歸本而難失，經遠之理，捨此奚據！洎姦臣廣言利以邀恩，多立使以示寵，刻下民以厚斂，張虛數以獻狀；上心蕩而益奢，人望怨而成禍

;使天子有司守其位而無其事，受厚祿而虛其用。宇文融首唱其端，楊愼矜、王鉷繼遵其軌，楊國忠終成其亂。仲尼云：寧有盜臣而無聚斂之臣。誠哉是言！前車旣覆，後轍未改，求達化本，不亦難乎！」㉔

(8)唐肅宗至德元載（公元七五六），安祿山入長安。初，玄宗每酺宴，多樂部、雜戲、歌舞宮女、舞獸，安祿山見而悅之，旣克長安，命搜捕樂工，運載樂器、舞衣，驅舞馬、犀、象皆詣洛陽。溫公論曰：「聖人以道德爲麗，仁義爲樂；故雖茅茨土階，惡衣菲食，不恥其陋，惟恐奉養之過以勞民費財。明皇恃其承平，不思後患，殫耳目之玩，窮聲技之巧，自謂帝王富貴皆不我如，欲使前莫能及，後無以踰，非徒娛己，亦以誇人。豈知大盜在旁，已有窺窬之心，卒致鑾輿播越，生民塗炭。乃知人君崇華靡以示人，適足爲大盜之招也。」㉕

(9)唐德宗貞元四年（公元七八八），二月，元友直運淮南錢帛二十萬至長安，李泌悉輸之大盈庫。然上猶數有宣索，仍敕諸道勿令宰相知。泌聞之，惆悵而不敢言。溫公論曰：「王者以天下爲家，天下之財皆其有也。阜天下之財以養天下之民，己必豫焉。或乃更爲私藏，此匹夫之鄙志也。古人有言：貧不學儉。夫多財者，奢侈之所自來也。李泌欲弭德宗之欲而豐其私財，財豐則欲滋矣。財不稱欲，能無求乎！是猶啓其門而禁其出也！雖德宗之多僻，亦泌所以相之者非其道故也。」㉖蕭何治未央宮，其動機不明、理由不直，高祖既無此意，何故引主入奢靡？漢武帝窮奢極欲，如果不是文、景的休養生息，武帝可能由此敗業。至於唐玄宗奢靡，唐室幾乎滅亡；德宗好宣索，百姓生活不樂。由此都可看出：奢侈的生活，有百弊而無一利。昔賢於此，每多儻論。董仲舒云：「春秋之法，凶年不修舊，意在無苦民爾。」㉗顧炎武云：「國奢示之以儉，君子之行，宰相之事也。」㉘

綜合言之：人君以恭儉爲貴。

3. 守信

守信爲人人必備的德行，孔子云：「與朋友交，言而有信」又云：「人而無信，不知其可也！」國君更應守信，昭大信於天下，才能誠以化民，對於推行政令，好處尤大。

(1)周顯王十年（公元前三五九），秦以商鞅變法，著爲新令，恐民之不信，乃立三丈之木於國都市南門，募民有能徙置北門者賞金，有一人徙之，輒賞五十金，乃下令。溫公論曰：「夫信者，人君之大寶也。國保於民，民保於信；非信無以使民，非民無以守國。是故古之王者不欺四海，霸者不欺四鄰，善爲國者不欺其民，善爲家者不欺其親。不善者反之，欺其鄰國，欺其百姓，甚者欺其兄弟，欺其父子。上不信下，下不信上，上下離心，以至於敗。所利不能藥其所傷，所獲不能補其所亡，豈不哀哉！昔齊桓公不背曹沫之盟，晉文公不貪伐原之利，魏文侯不棄虞人之期，秦孝公不廢徙木之賞。此四君者道非粹白，而商君尤稱刻薄，又處戰攻之世，天下趨於詐力，猶且不敢忘信以畜其民，況爲四海治平之政者哉！」㉙

(2)漢獻帝建安十三年（公元二〇八），曹操南下，荊州牧劉琮舉州降。時劉備屯樊，或勸備攻琮，荊州可得，備曰：「劉荊州臨亡託我以孤遺，背信自濟，吾所不爲，死何面目以見劉荊州乎！」荊州人多歸備，比到當陽，衆十餘萬人，輜重數千兩，日行十餘里。或勸備棄衆，備不忍。溫公引習鑿齒論曰：「劉玄德雖顛沛險難而信義愈明，勢偪事危而言不失道。追景升之顧，則情感三軍；戀赴義之士，則甘與同敗。終濟大業，不亦宜乎！」㉚

秦孝公、商君之立信，使新法得行，秦國因而富強；劉備雖在危難、不失信義，士民樂附，終能建立蜀漢。從長遠看，國君守信實爲國家之利。

有些國君功業很大，但是也不免失信，溫公認爲這是聖德之累，應該盡量避免。

(3)唐太宗貞觀十七年（公元六四三），帝許薛延陀婚，後而絕之。褚遂良等諫，上不聽。溫公論曰：「孔子稱去食、去兵，不可去信。唐太宗審知薛延陀不可妻，則初勿許其婚可也；既許之矣，乃復恃強棄信而絕之，雖滅薛延陀，猶可羞也。王者發言出令，可不愼哉！

」㉛

(4)唐玄宗開元十四年（公元七二六），勃海靺鞨王武藝遣其母弟門藝將兵擊黑水，門藝諫，不聽，奔唐。武藝上表罪狀門藝，玄宗遣門藝詣安西，詭云已流門藝於嶺南。武藝知之，上表稱「大國當示人以信，豈得爲此欺誑？」上以鴻臚少卿李道邃、源復不能督察官屬，致有漏泄，皆坐左遷。暫遣門藝詣嶺南以報之。溫公論曰：「王者所以服四夷，威信而已。門藝以忠獲罪，自歸天子；天子當察其枉直，賞門藝而罰武藝，爲政之體也。縱不能討，猶當正以門藝之無罪告之。今明皇威不能服武藝，恩不能庇門藝，顧效小人爲欺誑之語以取困於小國，乃罪鴻臚之漏泄，不亦可羞哉！」㉜

(5)唐憲宗元和十四年（公元八一九），朝廷議討王弁，恐青、鄆相扇繼變，乃以詔書誘王弁而殺之。並命曹華將兵討鄆人，華以詐殺一千二百人。溫公論曰：「春秋書楚子虔誘蔡侯般，殺之于申。彼列國也，孔子猶深貶之，惡其誘討也，況爲天子而誘匹夫乎！王遂以聚斂之才，殿新造之邦，用苛虐致亂。王弁庸夫，乘釁竊發，苟沂帥得人，戮之易於犬豕耳，何必以天子詔書爲誘人之餌乎！且作亂者五人耳，乃使曹華設詐，屠千餘人，不亦濫乎！然則自今士卒孰不猜其將帥，將帥何以令其士卒！上下盻盻，如寇讎聚處，得間則更相魚肉，唯先發者爲雄耳，禍亂何時而弭哉！惜夫！憲宗削平僭亂，幾致升平，其美業所以

不終，由苟徇近功不敦大信故也。」㉝

上述三件事，都是天子失信於鄰邦，甚至行詐於匹夫。這些事在不失信的原則下，可以處理得很好。或由一時疏忽，事後反悔；或由急功近利，不敦大信，以致破壞臣民的向心力，失信的損失，實在難以算計。

4.正己

國君是全國政教的領袖，負有行政與教化的責任，立身必正，才能作羣下與子孫的楷模。如果內心不正、行爲乖張，則難以正人，會留下極壞的影響。

(1)魏文帝黃初元年（公元二二〇），秋七月甲午，魏王丕次于譙，大饗六軍及譙父老于邑東，設伎樂百戲，吏民上壽，日夕而罷。是年春，魏王操薨，丕居喪宴樂，溫公引孫盛論曰：「三年之喪，自天子達于庶人。故雖三季之末，七雄之敝，猶未有廢衰斬於旬朔之間，釋麻杖於反哭之日者也。逮于漢文，變易古制，人道之際，一旦而廢，固已道薄於當年，風頹於百代矣。魏王既追漢制，替其大禮，處莫重之哀，而設饗宴之樂，居貽厥之始而墮王化之基，及至受禪，顯納二女，是以知王齡之不遐，卜世之期促也。」㉞

(2)唐高祖武德九年（公元六二六），秦王李世民伏兵玄武門，殺太子建成、齊王元吉。上立秦王爲皇太子。溫公論曰：「立嫡以長，禮之正也。然高祖所以有天下，皆太宗之功；隱太子以庸劣居其右，地嫌勢逼，必不相容。曏使高祖有文王之明，隱太子有泰伯之賢，太宗有子臧之節，則亂何自而生矣！既不能然，太宗始欲俟其先發，然後應之，如此，則事非獲已，猶為愈也。既而為群下所迫，遂至蹀血禁門，推刃同氣，貽譏千古，惜哉！夫創業垂統之君，子孫之所儀刑也，彼中、明、肅、代之傳繼，得非有所指擬以為口實乎！」㉟

魏文帝曹丕脅迫漢獻帝，居喪宴樂，內心不存君父，已明顯可知，臣民自然瞭如指掌。嗣後司馬氏的篡奪，方式和曹魏如出一轍，其中因果，令人歎息。唐太宗殺兄屠弟，取得大位，對於子孫開了惡例，唐朝多自立的君王，且有女主爭權，太宗要負很大的責任。

因此，為國君的人，立身要正，向自己負責，也向國家負責。

㈢處親須厚，不可假權

國君在政治上是天下的領袖，在社會上是家庭的一員，如何在二者之中取得協調，是很大的修養與學問。有些國君以為「朕即國家」，凡是親戚，爾公爾侯，充斥於朝廷。以致外戚干政，政權受到影響。有些國君則特別猜忌宗室，相對的就要重用外人，又有權臣乘之而起。在歷史上，處親不當的顯例，有漢文帝的殺舅氏薄昭、魏文帝的貶兄弟曹植：

⑴漢文帝前十年（公元前一七〇），將軍薄昭殺漢使者，帝不忍加誅，使公卿從之飲酒，欲令自引分，昭不肯；使羣臣喪服往哭之，乃自殺。溫公論曰：「李德裕以為：『漢文帝誅

薄昭，斷則明矣，於義則未安也。秦康送晉文，興如存之感；況太后尚存，唯一弟薄昭，斷之不疑，非所以慰母氏之心也。』臣愚以爲法者天下之公器，惟善持法者，親疏如一，無所不行，則人莫敢有所恃而犯之也。夫薄昭雖素稱長者，文帝不爲置賢師傅而用之典兵；驕而犯上，至於殺漢使者，非有恃而然乎！若又從而赦之，則與成、哀之世何異哉！魏文帝嘗稱漢文帝之美，而不取其殺薄昭，曰：『舅后之家，但當養育以恩而不當假借以權，既觸罪法，又不得不害。』譏文帝之始不防閑昭也，斯言得之矣。然則，欲慰母心，將愼之於始乎！」㊱

(2)魏文帝黃初元年（公元二二〇），臨菑監國謁者灌均，希指奏「臨菑侯植醉酒悖慢，劫脅使者」，王貶植爲安鄉侯，誅丁儀、丁廙幷其男口，皆植之黨也。

溫公引魚豢論曰：「諺言：『貧不學儉，卑不學恭。』非人性分殊也，勢使然耳。假令太祖防遏植等在於疇昔，此賢之心，何緣有窺望乎！彰之挾恨，尚無所至；至於植者，豈能興難！乃令楊脩以倚注遇害，丁儀以希意族滅，哀夫！」㊲

漢文帝處親不始於防閑，等到舅氏身罹罪網，又斷之不疑，處理失當，因此引起很多人的批評。魏文帝則又防閑太密，刻薄寡恩，諸弟或貶或竄，無一安身者。結果政入權臣，宗室被制，國祚亦不長。

其實，國君對於親戚，在任用上應同於臣民，因材任使，無所偏黨。將國家爵位以賞酬親戚，並不是好辦法，對國對親，兩受其弊。不如厚予爵土，不假威權，可以長保親恩。

二　有關治國、平天下者

儒家的政治哲學，對於君主的要求，是先由修身、齊家的小局面開始做起，格局雖小，意義卻大——它是往後的基礎。等到基礎穩固後，就要將其發揮出來，以治國、平天下，這是一套有本有用的學問。溫公之論君道，就是以此作綱領。爰分數點敍之如下：

(一)執禮

禮的意義與作用，已見前述㊳。國家制有大禮，必須靠國君來實行。大禮有常，行之不偏，國家用以教化的依據便在。國君執禮的重要性於此可見。

(1)漢高帝五年（公元前二〇二），丁公為項羽將，逐窘帝彭城西，短兵接，帝急，顧謂丁公曰：「兩賢豈相戹哉！」丁公引兵而還。及項王滅，丁公謁見，帝以丁公徇軍中，斬之，曰：「使後為人臣無傚丁公也！」溫公論曰：「高祖起豐、沛以來，罔羅豪傑，招亡納叛，亦已多矣。及即帝位，而丁公獨以不忠受戮，何哉？夫進取之與守成，其勢不同。當羣雄角逐之際，民無定主；來者受之，固其宜也。及貴為天子，四海之內，無不為臣；苟不明禮義以示之，使爲臣者，人懷貳心以徼大利，則國家其能久安乎！是故斷以大義，使天下曉然皆知爲臣不忠者無所自容；而懷私結恩者，雖至於活己，猶以義不與也。戮一人而千萬人懼，其慮事豈不深且遠哉！子孫享有天祿四百餘年，宜矣！」㊴

(2)漢武帝後元二年（公元前八七），帝崩。溫公引班固贊曰：「漢承百王之弊，高祖撥亂反正，文、景務在養民，至於稽古禮文之事，猶多闕焉。孝武初立，卓然罷黜百家，表章六經，遂疇咨海內，擧其俊茂，與之立功；興大學，修郊祀，改正朔，定曆數，協音律，作詩樂，建封禪，禮百神，紹周後，號令文章，煥然可述，後嗣得遵洪業而有三代之風。」溫公亦曰：「孝武能尊先王之道，知所統守。」㊵

(3)晉武帝泰始二年（公元二六六），文帝之喪，臣民皆從權制，三日除服。旣葬，帝亦除之；然猶素冠疏食，哀毀如居喪者。羣臣請易服復膳，詔不許，遂以疏素終三年。溫公論曰：「三年之喪，自天子達于庶人，此先王禮經，百世不易者也。漢文師心不學，變古壞禮，絕父子之恩，虧君臣之義；後世帝王不能篤於哀戚之情，而羣臣諂諛，莫肯釐正。至於晉武獨以天性矯而行之，可謂不世之賢君；而裴傅之徒，固陋庸臣，習常玩故，而不能將順其美，惜哉！」㊶

漢高祖斬丁公，示臣下以禮義；漢武帝在高祖、文、景的修養生息後，能崇學術、立制度、尊先王之道，令漢朝既強且大；晉武帝在數百年短喪之後，能以天性矯之，素冠疏食三年，行古人之禮，都是執禮得中，足以教化國人的地方。

但是，帝王也有執禮失中，值得檢討的：

(4)漢武帝太始三年（公元前九四），皇子弗陵生。弗陵母曰河間趙倢伃，居鉤弋宮，任身十四月而生。上曰：「聞昔堯十四月而生，今鉤弋亦然。」乃命其所生門曰堯母門。溫公論曰：「爲人君者，動靜舉措不可不愼，發於中必形於外，天下無不知之。當是時也，皇后、太子皆無恙，而命鉤弋之門曰堯母，非名也。是以姦人逆探上意，知其奇愛少子，欲以爲嗣，遂有危皇后、太子之心，卒成巫蠱之禍，悲夫！」㊷

(5)梁武帝大同十一年（公元五四五），散騎常侍賀琛以四事奏啓：一、牧守不盡責、使命繁數，二、風俗侈靡，三、朝多斗筲僥倖之人，四、宜省事息費。帝覽奏大怒，以己之儉薄寡慾拒之。溫公論曰：「梁高祖之不終也，宜哉！夫人君聽納之失，在於叢脞；人臣獻替之病，在於煩碎。是以明主守要道以御萬機之本，忠臣陳大體以格君心之非。故身不勞而收功遠，言至約而爲益大也。觀夫賀琛之諫未至於切直，而高祖已赫然震怒，護其所短，矜其所長；詰貪暴之主名，問勞費之條目，困以難對之狀，責以必窮之辭。自以蔬食之儉爲盛德，日昃之勤爲至治，君道已備，無復可加，羣臣箴規，舉不足聽。如此，則自餘切直

之言過於琛者，誰敢進哉！由是姦佞居前而不見，大謀顚錯而不知，名辱身危，覆邦絕祀，爲千古所閔笑，豈不哀哉！」㊸

㈡用人

1.羣力勝於私智

國家之事，繁雜紛冗，懂得治道的國君都是選擧人才，妥當運用，透過組織，使他們各盡所長，聚合爲整體的力量。驅羣策羣力以治國撫民，國君在從容悠閒之中，即可使政治步入軌道，順利運行。

如果不善於運用人才，只是逞其私智，就算勞神竭力，往往弄得吃力不討好，以失敗結局。

(1)漢高帝五年（公元前二〇二），項王兵敗，於烏江自刎，楚亡。溫公引太史公曰：「羽起隴畝之中，三年，遂將五諸侯滅秦，分裂天下而封王侯，政由羽出；位雖不終，近古以來，未嘗有也！及羽背關懷楚，放逐義帝而自立；怨王侯叛己，難矣！自矜功伐，奮其私智而不師古，謂霸王之業，欲以力征經營天下。五年，卒亡其國，身死東城；尙不覺悟而不自責，乃引『天亡我，非用兵之罪也，』豈不謬哉！」

又引揚子法言：「或問：『楚敗垓下，方死，曰天也，諒乎？』曰：『漢屈羣策，羣策屈羣力；楚懍羣策而自屈其力。屈人者克，自屈者負；天曷故焉！』」㊹太史公與揚子都以爲項王的失敗是只用私智，不懂得驅策羣力，遇到組織力極強的漢高帝，自然無法競爭。

(2)漢武帝後元二年（公元前八七），帝崩。溫公論孝武的成功在於：「能尊先王之道，知所統守，受忠直之言，惡人欺蔽，好賢不倦，誅賞嚴明，晚而改過，顧託得人。」㊺漢武帝生前「好賢不倦」，多名臣名將；崩後，因「顧託得人」，後嗣雖年少，而政權不移，都是善於用人的結果。

2.己身正則人才正

(1)漢武帝征和四年（公元前八九），下詔責己以昔貳師軍敗之失，曰：「當今務在禁苛暴，止擅賦，力本農，脩馬復令，以補缺、毋乏武備而已。」封丞相田千秋爲富民侯，以明休息，思富養民。以趙過爲搜粟都尉。過能爲代田，其耕耘田器皆有便巧，以教民，用力少而得穀多，民皆便之。溫公論曰：「天下信未嘗無士也！武帝好四夷之功，而勇銳輕死之士充滿朝廷，闢土廣地，無不如意。及後息民重農，而趙過之儔教民耕耘，民亦被其利。此一君之身趣好殊別，而士輒應之，誠使武帝兼三王之量以興商、周之治，其無三代之臣乎！」㊻

(2)漢元帝建昭二年（公元前三七），御史中丞陳咸數毀石顯，爲顯所構陷、下獄。石顯威權日重，公卿以下畏顯，顯善設變詐以自解免，取信人主，元帝不寤。溫公引荀悅論曰：「夫佞臣之惑君主也甚矣，故孔子曰：『遠佞人』非但不用而已，乃遠而絕之，隔塞其源，戒之極也。孔子曰：『政者，正也。』夫要道之本，正己而已矣。平直眞實者，正之主也。故德必核其眞，然後授其位；能必核其眞，然後授其事；功必核其眞，然後授其賞；罪必核其眞，然後授其刑；行必核其眞，然後貴之；言必核其眞，然後信之；物必核其眞，然後用之；事必核其眞，然後脩之。故衆正積於上，萬事實於下，先王之道，如斯而已矣！」㊼

人才因國君之趣好，相應而起；佞臣之起，由於國君的不明。因此，國君如欲得賢才，則己身須正，有正確的觀念，正當的做法，端正的品格，公平的用心，賢才自然相應而生。一國如此，一個團體也是如此。

3.擧之以衆，取之以公

(1)唐代宗大歷十四年（公元七七九），崔祐甫爲相，多用親故，上嘗詰之，祐甫對曰：「臣爲陛下選擇百官，不敢不詳愼。苟平生未之識，何以諳其才行而用之。」上以爲然。溫公論曰：「臣聞用人者，無親疏、新故之殊，惟賢、不肖之爲察。其人未必賢也，以親故而取之，固非公也，苟賢矣，以親故而捨之，亦非公也。夫天下之賢，固非一人所能盡也，若必待素識熟其才行而用之，所遺亦多矣。古之為相者則不然，舉之以衆，取之以公。衆曰賢矣，己雖不知其詳，姑用之，待其無功，然後退之，有功則進之；所舉得其人則賞之，非其人則罰之。進退賞罰，皆衆人所共然也，己不置豪髮之私於其間，苟推是心以行之，又何遺賢曠官之足病哉！」㊽

溫公這番拔取人才之道，實言之精要，秉持公正之心，聽取衆人的意見，作為依據，雖偶而有差，畢竟不多，這正是孟子「國人皆曰賢，然後察之，見賢焉，然後用之。」的道理。

4. 任君子、遠小人

(1)周威烈王二十三年（公元前四〇三），智伯帥韓、魏之甲圍趙襄子於晉陽，以水灌之。趙襄子使人暗結韓、魏，反攻智伯，殺之。溫公論曰：「智伯之亡，才勝德也……夫聰察強毅之謂才，正直中和之謂德。才者，德之資也；德者，才之帥也……才德全盡謂之聖人，才德兼亡謂之愚人；德勝才謂之君子，才勝德謂之小人。凡取人之術，苟不得聖人、君子而與之，與其得小人，不若得愚人。何則？君子挾才以為善，小人挾才以為惡。挾才以為善者，善無不至矣；挾才以為惡者，惡亦無不至矣。愚者雖欲為不善，智不能周，力不能勝，譬如乳狗搏人，人得而制之。小人智足以遂其姦，勇足以決其暴，是虎而翼者也，其為害豈不多哉！夫德者人之所嚴，而才者人之所愛；愛者易親，嚴者易疏，是以察者多蔽於才而遺於德。自古昔以來，國之亂臣，家之敗子，才有餘而德不足，以至於顛覆者多矣，豈特智伯哉！故爲國爲家者苟能審於才德之分而知所先後，又何失人之足患哉！」㊾

溫公所評雖爲智伯之過，智伯心貪而力強，因此使韓、魏寒心，叛而襲之，智伯因此敗亡。但是，溫公實爲史上往往親小人疏君子而提出鍼砭。細察史頁，亡國破家，每因任用小人而起，國君應該知所警戒。

5.任則不疑

(1)晉安帝義熙十三年（公元四一七），劉裕自長安東歸，以王鎮惡爲司馬、領馮翊太守。沈田子、傅弘之忌鎮惡功，屢言於裕曰：「鎮惡家在關中，不可保信。」裕曰：「今留卿文武精兵萬人，彼若欲爲不善，正足自滅耳。勿復多言。」私謂田子曰：「鍾會不得遂其亂者，以有衞瓘故也。語曰：『猛獸不如羣狐，』卿等十餘人，何懼王鎮惡！」後沈田子卒以私怨殺王鎮惡。溫公論曰：「古人有言：『疑則勿任，任則勿疑。』裕既委鎮惡以關中，而復與田子有後言，是鬥之使爲亂也。惜乎，百年之寇，千里之士，得之艱難，失之造次，使豐、鄗之都復輸寇乎。荀子曰：『兼并易能也，堅凝之難。』信哉！」㊿

劉裕不能專任王鎮惡，因此沈田子敢以私怨殺之。鎮惡逝後，裕世子義眞年少，不能統衆，卒爲夏王勃勃所敗，關中得而復失，緣於劉裕任人而疑之。史上每多猜疑之主，不能信任臣下，對有才有功者，酷加督察防伺，結果形成賢才爲親近所掣肘，功敗垂成，甚至士氣凋喪，臣民不附。防閑之弊遠過其利。

用人之道，也貴於平日培養人才。培養之法，在重名教，顧炎武曰：「舊唐書：薛謙光爲左補闕，上疏言：臣竊窺古之取士……先觀名行之源，考其鄉邑之譽，崇禮讓以厲己，顯節義以標信，以敦朴爲先最，以雕蟲爲後科。故人崇勸讓之風，士去輕浮之行。」又曰：「漢人以名爲治，故人材盛；今人以法爲治，故人材衰。」㊿重視名教則人有品格，能引導其才能以入於正軌，加上國君示之以正，國家就有充裕的人才可用。

㈢賞罰

立法是國家大事，法律要求公平明直；但是，法律的精神能否達成，與其執行有很大的關係，健全的法律要靠正常的執行，才能發揮作用。古時，法的執行在於國君，因此，賞罰是國君行政非常重要的一項。

1.其本在戢亂

(1)漢獻帝建安二十年（公元二一五），張魯降。魏公曹操封魯閬中侯，封魯五子及閻圃等皆爲列侯。溫公引習鑿齒論曰：「閻圃諫魯勿王，而曹公追封之，將來之人，孰不思順！塞其來源而末流自止，其此之謂歟！若乃不明於此而重焦爛之功，豐爵厚賞止於死戰之士，

則民利於有亂，俗競於殺伐，阻兵杖力，干戈不戢矣。曹公之此封，可謂知賞罰之本矣。」㊾

(2)簡文帝咸安二年（公元三七二），前秦冠軍將軍慕容垂以慕容評爲燕之惡來輩，請秦王苻堅戮之。堅出評爲范陽太守。溫公論曰：「古之人，滅人之國而人悅，何哉？爲人除害故也。彼慕容評著，蔽君專政，忌賢疾功，愚闇貪虐以喪其國，國亡不死，逃遁見禽。秦王堅不以爲誅首，又從而寵秩之，是愛一人而不愛一國之人也，其失人心多矣。是以施恩於人而人莫之恩，盡誠於人而人莫之誠，卒於功名不遂，容身無所，由不得其道故也。」㊿

曹操封閻圃、苻堅用慕容評，都是嘉賞，而曹操爲溫公所讚，苻堅爲溫公所貶，其原因是曹操把握了賞罰的意義，而苻堅則否。閻圃諫張魯不要稱王，以免捲入紛爭，曹操封爲列侯，就是嘉賞他戢亂的厚意。苻堅所任用的是燕國的亂臣，等於鼓勵亂人，違反賞罰的精神，因此溫公貶他。

2.當衡量輕重

賞罰最重要的是持平，當審愼衡量，不可有偏失，否則就會失去作用。

(1)漢宣帝五鳳四年（公元前五四），楊惲既失爵位，以財自娛，其答友人孫會宗書有怨望，帝得其書，殺惲，免會宗官。溫公論曰：「以孝宣之明，魏相、丙吉爲丞相，于定國爲廷尉，而趙、蓋、韓、楊之死皆不厭衆心，其爲善政之累大矣！周官司寇之法，有議賢、議能，若廣漢、延壽之治民，可不謂能乎！寬饒、惲之剛直，可不謂賢乎！然則雖有死罪，猶將宥之，況罪不足以死乎！」㊹

趙廣漢、蓋寬饒、韓延壽、楊惲，在宣帝世，都是名臣，但一犯小失，不合帝意，便遭遇誅殛，臣民都以爲誅罰過重。這是宣帝執法時不能作適度的衡量，以致刑罰過苛，有失平正。由「不厭衆心」一語，可看出宣帝之法已失去相當的作用。

3. 當寬猛並濟

(1)漢桓帝元嘉元年（公元一五一），京師地震，詔百官舉獨行之士。涿郡舉崔寔，其政論以爲治國家宜用嚴法：「凡爲天下者，自非上德，嚴之則治，寬之則亂。」溫公論曰：「漢家之法已嚴矣，而崔寔猶病其寬，何哉？蓋衰世之君，率多柔懦，凡愚之佐，唯知姑息，是以權幸之臣有罪不坐，豪猾之民犯法不誅；仁恩所施，止於目前；姦宄得志，紀綱不立。故崔寔之論，以矯一時之枉，非百世之通義也。孔子曰：『政寬則民慢，慢則糾之以猛；猛則民殘，殘則施之以寬。寬以濟猛，猛以濟寬，政是以和。』斯不易之常道矣。」㊺

治國究竟應該用寬法或嚴刑？見仁見智，各有各的理由。但是，刑賞所以止亂，如果亂生而不能止，自然是失之於寬；如果法律苛擾，使民不安樂，則又失之於猛。賞罰之道，就在其中求取折衷，因此，溫公提出寬猛並濟的原則。

4.當公平貫澈

語云：「徒法不足以自行」，法律的效率，要靠執法人的態度而定。執法最怕姑息，姑息則有法等於無法，法律失其效用；執法又怕不公平，不公平則法律偏頗，產生不良的副作用。

(1)漢元帝永光元年（公元前四三），司隸校尉諸葛豐，坐罪徙城門校尉，上書告周堪、張猛。上不直豐，以爲告按無證之辭，毁譽恣意，不信之大也。免豐爲庶人，又貶堪、猛。溫公論曰：「諸葛豐之於堪、猛，前譽而後毁，其志非爲朝廷進善而去姦也，欲比周求進而已矣；斯亦鄭明、楊興之流，烏在其爲剛直哉！人君者，察美惡，辨是非，賞以勸善，罰以懲姦，所以爲治也。使豐言得實，則豐不當黜；若其誣罔，則堪、猛何辜焉！今兩責而俱棄之，則美惡、是非果安在哉！」㊺

(2)漢章帝建初八年（公元八三），皇后兄竇憲恃宮掖聲勢，自王、主及陰、馬諸家，莫不畏憚。憲以賤直請奪沁水公主園田，主逼畏不敢計。後帝出過園，指以問憲，憲陰喝不得對。後發覺，帝切責之而不罪。溫公論曰：「人臣之罪，莫大於欺罔，是以明君疾之。孝章謂竇憲何異指鹿爲馬，善矣；然卒不能罪憲，則姦臣安所懲哉！夫人主之於臣下，患在不知其姦，苟或知之而復赦之，則不若不知之爲愈也。何以言之？彼或爲姦而上不之知，猶有所畏；既知而不能討，彼知其不足畏也，則放縱而無所顧矣！是故知善而不能用，知惡而不能去，人主之深戒也。」57

(3)晉成帝咸和四年（公元三二九），載：陶侃、溫嶠之討蘇峻也，移檄征、鎭，使各引兵入援，湘州刺史卞敦擁兵不赴。及峻平，陶侃奏敦沮軍，顧望不赴國難，請檻車收付廷尉。王導以喪亂之後，宜加寬宥，貶之而已。敦憂愧而卒，追贈本官、加散騎常侍，諡曰敬。溫公論曰：「庾亮以外戚輔政，首發禍機，國破君危，竄身苟免；卞敦位列方鎭，兵糧俱足，朝廷顚覆，坐觀勝負；人臣之罪，孰大於此！既不能明正典刑，又以寵祿報之，晉室無政，亦可知矣。任是責者，豈非王導乎！」58

(4)唐文宗太和五年（公元八三一），盧龍副兵馬使楊志誠逐其帥李載義。上召宰相謀之，牛僧孺勸上因而撫之，使捍北狄，不必計其逆順。上以楊志誠爲盧龍留後，溫公論曰：「昔者聖人順天理、察人情，知齊民之莫能相治也，故置師長以正之；知羣臣之莫能相使也，故建諸侯以制之；知列國之莫能相服也，故立天子以統之。天子之於萬國，能褒善而黜惡，抑強而扶弱，撫服而懲違，禁暴而誅亂，然後發號施令而四海之內莫不率從也。詩曰：『勉勉我王，綱紀四方。』載義藩屛大臣，有功於國，無罪而志誠逐之，此天子所宜治也。若一無所問，因以其土田爵位授之，則是將帥之廢置殺生皆出於士卒之手，天子雖在

上，何爲哉！國家之有方鎭，豈專利其財賦而已乎！如僧孺之言，姑息偸安之術耳，豈宰相佐天子御天下之道哉！」㊾

漢元帝罰諸葛豐，並及其所告周堪、張猛，不論是非；漢章帝知竇憲誣罔，而不能治；王導不罪沮軍；牛僧孺不罪楊志誠之犯上，都是執法不貫澈，以致綱紀蕩然，姑息偸安，國家從此不能約束羣臣。

(5)晉武帝泰始三年（公元二六七），司隸校尉李熹劾劉友、山濤、中山王睦、武陔各占官稻田。詔處友罪，濤等皆不問。溫公論曰：「政之大本，在於刑賞，刑賞不明，政何以成？晉武帝赦山濤而褒李熹，其於刑賞兩失之。使熹所言爲是，則濤不可赦；所言爲非，則熹不足褒。褒之使言，言而不用，怨結於下，威玩於上，將安用之！且四臣同罪，劉友伏誅而濤等不問，避貴施賤，可謂政乎！創業之初而政本不立，將以垂統後世，不亦難乎！」㊿

晉武帝對於同罪之四臣，或誅或赦，刑賞不平，使臣民知道國家之法有所偏頗，於是有人敢仗恃富貴權勢，以爲非作歹。人存僥倖之人，非分之志，如此執法，壞的影響極大，所以賞罰貴於公平貫澈。

5. 赦非常典

爲善則有賞，爲惡則加罰，這是刑賞的基本道理；但是在特殊情況下，對於犯罪者免予處罰，這是國家的赦典。赦典雖有其意義，但卻破壞法律的正常性，應該審慎實施。

(1)漢元帝永光二年（公元前四二），匡衡上疏，以爲比年大赦，而民累犯法，赦不可多用。又云京師爲敎化之原本，風俗之樞機，故宜先正長安風俗。溫公取荀悅論曰：「夫赦者，權時之宜，非常典也。漢興，承秦兵革之後，大愚之世，比屋可刑，故設三章之法，大赦之令，蕩滌穢流，與民更始，時勢然也。後世承業，襲而不革，失時宜矣。若惠文之世，無所赦之。若孝景之時，七國皆亂，異心並起，姦詐非一。及武帝末年，賦役繁興，羣盜並起，加以太子之事，巫蠱之禍，天下紛然，百姓無聊。及光武之際，撥亂之後，如此之比，宜爲赦矣。」[61]

(2)魏邵陵厲公正始七年（公元二四六），漢大赦，大司農孟光責禕多赦，以惠姦宄之惡。初，丞相諸葛亮不輕赦，有言公惜赦者，亮答曰：「治世以大德，不以小惠，故匡衡、吳漢不願爲赦。先帝亦言：『吾周旋陳元方、鄭康成間，每見啓告治亂之道悉矣，曾不語赦也。若劉景升、季玉父子，歲歲赦宥，何益於治！』」溫公引陳壽評曰：「諸葛亮爲政，軍旅數興而赦不妄下，不亦卓乎！」[62]

(3)齊明帝建武四年（公元四九七），魏穆泰、陸叡謀反，穆泰伏誅，陸叡賜死於獄。陸叡嘗受不死之詔。溫公論曰：「夫爵祿廢置，殺生予奪，人君所以馭臣之大柄也。是故先王之制，雖有親、故、賢、能、功、貴、勤、賓，苟有其罪，不直赦也；必議於槐棘之下，可赦則赦，可宥則宥，可刑則刑，可殺則殺；輕重視情，寬猛隨時，故君得以施恩而不失其威，臣得以免罪而不敢自恃。及魏則不然，勳貴之臣，往往豫許之以不死；彼驕而觸罪，又從而殺之。是以不信之令誘之使陷於死地也。刑政之失，無此爲大焉！」㊸

匡衡與諸葛亮都主張不妄赦，甚至不赦，只因對有罪者行赦，如沒有特殊理由，即成加惠姦宄，而間接鼓勵犯罪了。諸葛亮有功必賞、有罪必罰，蜀人稱其賢，並不因不赦而寡恩。至於如北魏的豫受不死之詔，犯罪後又加以誅殺，如此赦令，不但不能結恩，反致構怨。不要說法律的正常性受損，連行赦的意義也蕩然不存。

㈣名分

在「大人世及以爲禮」的時代，早立世子、傅以良師，爲國家建立培育下一代的國君，是國家的大事。早定名分，使他人不敢覬覦，自然沒有紛爭，政權穩固。如果處理世子的問題不妥當，小則引起紛亂，大則動搖國本。

⑴周烈王五年（公元前三七一），魏武侯薨，不立太子，子罃與公中緩爭立，國內亂。六年，韓懿侯與趙成侯合兵伐魏，大破之。韓、趙以謀不和，撤兵去。罃遂殺公中緩而立，是爲惠王。溫公引太史公曰：「魏惠王所以身不死、國不分者，二國之謀不和也。若從一家

之謀，魏必分矣，故曰：『君終，無適子，其國可破也。』」㊿64

(2)漢光武帝建武十九年（公元四三），郭后廢，太子彊意不自安，懇辭太子位，願備藩國，詔許之。另立陰后子東海王陽爲太子，改名莊。溫公引袁宏論曰：「夫建太子，所以重宗統，一民心也，非有大惡於天下，不可移也。世祖中興漢業，宜遵正道以爲後法。今太子之德未虧於外，內寵既多，嫡子遷位，可謂失矣。」㊿65

(3)宋文帝元嘉元年（公元四二四），徐羨之等以營陽王敗德、廢之，立帝。溫公引裴子野論曰：「古者人君養子，能言而師授之辭，能行而傅相之禮。宋之教誨，雅異於斯，居中則任僕妾，處外則近趨走。太子、皇子，有帥，有侍，是二職者，皆臺皁也。制其行止，授其法則，導達臧否，罔弗由之；言不及於禮義，識不達於今古，謹敕者能勸之以吝嗇，狂愚者或誘之以凶慝。雖有師傅，多以耆艾大夫爲之；雖有友及文學，多以膏粱年少爲之；具位而已，亦弗與遊。幼王臨州，長史行事，宣傳教命；又有典籤，往往專恣，竊弄威權，是以本根雖茂，端良甚寡。嗣君沖幼，世繼姦回，雖惡物醜類，天然自出，然習則生常，其流遠矣。降及太宗，舉天下而棄之，亦昵比之爲也。」㊿66

(4)隋文帝仁壽四年（公元六〇四），帝崩後，漢王諒發兵反，兵敗，以幽死。初，高祖懲周室諸王微弱，故使諸子分據大鎭，專制方面，權侔帝室。及其晚節，父子兄弟迭相猜忌，五子皆不以壽終。溫公論曰：「昔辛伯諗周桓公曰：『內寵並后，外寵貳政，嬖子配嫡，大都偶國，亂之本也。』人主誠能愼此四者，亂何自生哉！隋高祖徒知嫡庶之多爭，孤弱之易搖，曾不知勢鈞位逼，雖同產至親，不能無相傾奪。考諸辛伯之言，得其一而失其三乎！」㊼

魏武侯不立太子，而二子爭位，遭韓、趙合攻，幾乎亡國。隋文帝雖立太子，定「名」而不定「分」，五子分據大鎭，終引起兄弟的相殘，都是血淚的教訓。漢光武帝因內寵而移易太子，爲後世立下不好的榜樣，是一失策。至於南朝宋則對諸子的教育未嘗負責，因此，皇子多不德，廢立、謀反的事不免要發生，朝政也因而不安。

㈤夷夏

古時中國的文化高，周圍四鄰，都視之爲蠻夷。夷夏的交往是一種特別的學問，做國君的人不可不知。中國向來以天朝自居，除了文化高之外，力量也強大，因此對於四鄰國家，沒有平等的外交，只有上對下的來往，這是夷夏相處的特殊形態。

至於夷夏相處之道，約有二端：

1.中國爲本、蠻夷爲末

中國對待蠻夷的觀點是：中國爲本，蠻夷爲末。因此，一切的問題由中國考慮起，如果與中國無關，可以置而不論；同時，蠻夷不能和中國具有同等的地位。

(1)漢光武帝建武二十二年（公元四六），鄯善王迫於匈奴，更請都護。」帝報曰：「今使者大兵未能得出，如諸國力不從心，東西南北自在也。」於是鄯善、車師復附匈奴。溫公引班固論曰：「西域諸國，各有君長，兵衆分弱，無所統一，雖屬匈奴，不相親附……與漢隔絕，道里又遠，得之不為益，棄之不為損，盛德在我，無取於彼。故自建武以來，西域思漢威德，咸樂內屬，數遣使置質于漢，願請都護。聖上遠覽古今，因時之宜，辭而未許；雖大禹之序西戎，周公之讓白雉，太宗之卻走馬，義兼之矣！」⑱

(2)漢宣帝甘露二年（公元前五二），匈奴呼韓邪單于款五原塞，願奉國珍，朝三年正月，詔有司議其儀。太子太傅蕭望之以為宜待以不臣之禮，位在諸侯王上。詔許之。溫公引荀悅論曰：「春秋之義，王者無外，欲一于天下也。戎狄道里遼遠，人迹介絕，故正朔不及，禮教不加，非尊之也，其勢然也。詩云：『自彼氐、羌，莫敢不來王。』故要、荒之君必奉王貢；若不供職，則有辭讓號令加焉，非敵國之謂也。望之欲待以不臣之禮，加之王公之上，僭度失序，以亂天常，非禮也！若以權時之宜，則異論矣。」⑲

漢光武帝任鄯善、車師復附匈奴，是不想因為西域諸國而使中國疲敝，誠如班固所謂「得之不為益，棄之不為損」，即是以中國為本的觀念。呼韓邪單于來朝，蕭望之主張「待以不臣之禮」

，遭遇荀悅的批評，即是中國對四鄰的態度向來是以上對下，不可能賦予對方同等的地位。

2.以德懷之，以威震之

(1)漢高帝九年，上取家人子名為長公主，以妻單于；使劉敬往結和親約。溫公論曰：「建信侯謂冒頓殘賊，不可以仁義說，而欲與為婚姻，何前後之相違也！夫骨肉之恩，尊卑之敘，唯仁義之人為能知之；奈何欲以此服冒頓哉！蓋上世帝王之御夷狄也，服則懷之以德，叛則震之以威，未聞與為婚姻也。且冒頓視其父如禽獸而獵之，奚有於婦翁！建信侯之術，固已疏矣；況魯元已為趙后，又可奪乎！」⑳

(2)漢昭帝元鳳四年（公元前七七），漢遣傅介子刺殺樓蘭王以立威。溫公論曰：「王者之於戎狄，叛則討之，服則舍之。今樓蘭王既服其罪，又從而誅之，後有叛者，不可得而懷矣。必以為有罪而討之，則宜陳師鞠旅，明致其罰。今乃遣使者誘以金幣而殺之，後有奉使諸國者，復可信乎！且以大漢之強而為盜賊之謀於蠻夷，不亦可羞哉！論者或美介子以為奇功，過矣！」㉑

(3)漢靈帝建寧二年（公元一六九），段熲滅東羌，斬三萬八千餘級。溫公論曰：「書稱『天地，萬物父母。惟人萬物之靈，亶聰明，作元后，元后作民父母。』夫蠻夷戎狄，氣類雖殊，其就利避害，樂生惡死，亦與人同耳。御之得其道則附順服從，失其道則離叛侵擾，，固其宜也。是以先王之政，叛則討之，服則懷之，處之四裔，不使亂禮義之邦而已。若乃視之如草木禽獸，不分臧否，不辨去來，悉艾殺之，豈作民父母之意哉！且夫羌之所以叛者，爲郡縣所侵冤故也；叛而不卽誅者，將帥非其人故也。苟使良將驅而出之塞外，擇良吏而牧之，則疆埸之臣也，豈得專以多殺爲快邪！夫御之不得其道，雖華夏之民，亦將蠭起而爲寇，又可盡誅邪！然則段紀明之爲將，雖克捷有功，君子所不與也。」⑫

三段評論，有一中心思想：對蠻夷要懷之以德、震之以威，其他不作過多接觸。而德與威二者，威只是手段，德才是目的，如果像段熲對羌人的趕盡殺絕，決不是正確的作法。就算蠻夷當伐，也要用堂堂正正之師，明其罪惡，使其鄰國知道天朝的討伐出於不得已，這樣才能使蠻夷長懷天朝之恩德。

附註

①通鑑七十卷二二二八頁。

②通鑑七四卷二三四五頁。

③通鑑一一三卷三五六二—三五六六頁。

④通鑑二一三卷七六一—七六四頁。

⑤通鑑二八卷九〇一—九〇二頁。
⑥通鑑二三三卷七五〇八頁。
⑦通鑑二九卷九二八—九三〇頁。
⑧通鑑七三卷二三二七—二三三一頁。
⑨通鑑一九二卷六〇二九頁。
⑩通鑑二卷七八—七九頁。
⑪通鑑四三卷一三八四—一三八五頁。
⑫通鑑一八六卷五八三四—五八三五頁。
⑬通鑑二卷六四頁。
⑭通鑑二一卷六八七—六九〇頁。
⑮通鑑四十卷一二八四—一二八五頁。
⑯通鑑九卷二九六—二九八頁。
⑰通鑑一一五卷三六二六—三六二七頁。
⑱通鑑六五卷二〇九五頁。
⑲通鑑一〇六卷三三四八—三三四九頁。
⑳通鑑十六卷五四六—五四七頁。
㉑通鑑十一卷三七九—三八〇頁。
㉒通鑑二二卷七四七—七四八頁。

㉓通鑑二一一卷六七〇二頁。

㉔通鑑二一六卷六八九〇—六八九一頁。

㉕通鑑二一八卷六九九三—六九九四頁。

㉖通鑑二三三卷七五一〇頁。

㉗春秋繁露竹林二卷四頁。

㉘日知錄儉約十七卷三九二頁。

㉙通鑑二卷四八—四九頁。

㉚通鑑六五卷二〇八二—二〇八三頁。

㉛通鑑一九七卷六二〇一—六二〇二頁。

㉜通鑑二一三卷六七七四—六七七五頁。

㉝通鑑二四一卷七七七二—七七七三頁。

㉞通鑑六九卷二一八〇—二一八一頁。

㉟通鑑一九一卷六〇〇三—六〇一三頁。

㊱通鑑十四卷四八二頁。

㊲通鑑二一七七頁。

㊳見國策三、制禮。

㊴通鑑十一卷三六〇—三六一頁。

㊵通鑑二二卷七四六—七四七頁。

㊶通鑑七九卷二四九七—二四九八頁。
㊷通鑑二二卷七二三頁。
㊸通鑑一五九卷四九二九—四九三五頁（補君道爲國以禮部分）。
㊹通鑑十一卷三五四頁。
㊺通鑑二二卷七四六—七四八頁。
㊻通鑑二二卷七三八—七四二頁。
㊼通鑑二九卷九三三—九三四頁。
㊽通鑑二二五卷七二五八頁。
㊾通鑑一卷一〇—一五頁。
㊿通鑑一一八卷三七一二—三七一四頁。
(51)日知錄十七卷三八五頁。
(52)通鑑六七卷二一四二—二一四三頁。
(53)通鑑一〇三卷三二五五—三二五六頁。
(54)通鑑二七卷八七六—八七八頁。
(55)通鑑一七二—一七二六頁。
(56)通鑑二八卷九一五—九一六頁。
(57)通鑑四六卷一四九三—一四九四頁。
(58)通鑑九四卷二九七〇頁。

59通鑑二四四卷七八七四—七八七五頁。
60通鑑七九卷二五〇二—二五〇三頁。
61通鑑二八卷九一八—九二〇頁。
62通鑑七五卷二三六六—二三六七頁。
63通鑑一四一卷四四〇八—四四〇九頁。
64通鑑一卷三八—四〇頁。
65通鑑四三卷一三九五頁。
66通鑑一二〇卷三七六六—三七六八頁。
67通鑑一八〇卷五六〇五—五六一四頁。
68通鑑四三卷一四〇二—一四〇四頁。
69通鑑二七卷八八五—八八六頁。
70通鑑十二卷三八二—三八三頁。
71通鑑二三卷七七二—七七三頁。
72通鑑五六卷一八一六—一八一七頁。

第六章　論臣節

上有賢君，下有良臣，元首與股肱戮力同心，滙成總體的力量，才能將國家治好。賢良的大臣，可以輔助國君決策並加以推行，還能鼓舞國君向上向善、匡正國君的過失。國家若無良臣，就算有賢君也不能治平，因此，大臣的能力與操守極爲重要。溫公論治國之道，國策、君道、臣節是一個整體，相互依恃，也相互輔助。溫公論臣節，可由四方面闡述：

一　才識

㈠重國之大體、輕己之小節

爲大臣的人，一切以國家爲前提，國家利益在個人利益之上。因此，當國事與私事有所衝突時，應該拋棄個人立場，這是大臣應有的認識。

1.漢高帝九年（公元前一九八），趙臣貫高等以帝慢罵其王，謀弒高祖。事覺，帝以貫高壯士，赦趙王及高。高知王已遇赦，而已犯篡弒，遂自殺。溫公引荀悅論曰：「貫高首爲亂謀，殺主之賊；雖能證明其王，小亮不塞大逆，私行不贖公罪。春秋之義大居正，罪無赦可也。」①

2.漢高后八年（公元前一八〇），太尉周勃與丞相陳平欲誅諸呂，而太尉無兵，呂祿典兵，知酈寄與呂祿友善，乃令酈寄紿說呂祿，使釋兵就國，祿從之，太尉遂得兵以誅諸呂。溫公引班固贊曰：「孝文時，天下以酈寄爲賣友。夫賣友者，謂見利而忘義也。若寄父爲功臣而又執劫；雖摧呂祿以安社稷，誼存君親可也。」②

3.漢成帝綏和二年（公元前七），富平侯張放聞帝崩，思慕哭泣而死。溫公引荀悅論曰：「放非不愛上，忠不存焉。故愛而不忠，仁之賊也。」③

4.王莽始建國三年（公元一一），龔勝、薛方、郭欽、蔣詡、陳咸、栗融、禽慶、蘇章、曹竟皆不肯就莽官。溫公引班固贊曰：「春秋列國卿大夫及至漢興將相名臣，耽寵以失其世者多矣，是故清節之士，於是爲貴；然大率多能自治而不能治人。」④

貫高以高帝侮趙王，自出主意謀反，使趙王失國，雖能證明趙王無罪，但小節不能彌補大錯。酈寄雖誑騙呂祿，有負朋友，但功存君親，大節足以不計小失。張放不忠於國，却思慕君王，私人的情感抵不上國家的大義。以上三事，國家的大體與私人的小節相比較，可以看出爲大臣者應以國家的大體爲重。

至於王莽居攝，心無國君，大臣稱病隱退，是清高的行爲；但是，隱退究竟是消極、個別的做法，不能對權姦有所打擊，如果能像周勃、陳平合力同謀以匡漢室，豈不更佳？因此，溫公引班固之贊，表惋惜之意。

㈡立策決勝，衡量局勢

不同的時間與環境，要有不同的方法去解決問題，這種應變的能力，要靠高度的智慧。

1.漢高帝三年（公元前二〇四），酈食其勸漢王復立六國之後，漢王以爲然。張良以爲有八不可，漢王乃止不行。溫公引荀悅論曰：「夫立策決勝之術，其要有三：一曰形，二曰勢，三曰情。形者，言其大體得失之數也；勢者，言其臨時之宜、進退之機也；情者，言其心志可否之實也。故策同、事等而功殊者，三術不同也。初張耳、陳餘說陳涉以復六國，自爲樹黨；酈生亦說漢王。所以說者同而得失異者，陳涉之起，天下皆欲亡秦；而楚、漢之分未有所定，今天下未必欲亡項也。故立六國，於陳涉，所謂多己之黨而益秦之敵也；且陳涉未能專天下之地也；所謂取非其有以與於人，行虛惠而獲實福也。立六國，於漢王，所謂割己之有而以資敵，設虛名而受實禍也。此同事而異形者也……故曰：權不可豫設，變不可先圖；與時遷移，應物變化，設策之機也。」⑤

2.漢元帝竟寧元年（公元前三三），甘延壽、陳湯破郅支還。初，延壽、湯矯制發西域諸國兵以破郅支。至是大臣議其功，各有所見，或欲賞延壽、湯破單于之功，或欲罰其矯制之罪。帝卒封賞之。溫公引荀悅論曰：「夫矯制之事，先王之所愼也，不得已而行之。若矯大而功小者，罪之可也；矯小而功大者，賞之可也；功過相敵，如斯而已可也。權其輕重而爲之制焉。」⑥

陳涉封六國之後，足以增加抗秦的力量；漢王立六國之後，則必削滅滅項的實力，因此，不同的環境應有不同的策略，不可拘泥。陳湯、甘延壽身在前線，請命則不能滅大敵，因此矯制以破郅支；但是，矯制却是損害了君主的統治權，只有在特殊情況下，才可行之。在這些錯綜複雜的情況下，必須有高度的智慧，才能爲國家爭取大利。

㈢因事納忠

大臣應該在適當時機，勸導並鼓勵國君向上向善，「機會教育」的才識，良臣必須具備。

1.漢高帝六年（公元前二〇一），上未遍封功臣。上在洛陽南宮，從複道望見諸將，往往相與坐沙中語，上曰：「此何語？」留侯曰：「陛下不知乎？此謀反耳！」上問：「爲之奈何？」留侯勸上封平生所憎、羣臣共知者，上封雍齒，羣臣心安，曰：「雍齒尚爲侯，我屬無患矣！」溫公論曰：「張良爲高帝謀臣，委以心腹，宜其知無不言；安有聞諸將謀反，必待高帝目見偶語，然後乃言之邪！蓋以高帝初得天下，數用愛憎行誅賞，或時害至公，羣臣往往有觖望自危之心，故良因事納忠以變移帝意，使上無阿私之失，下無猜懼之謀，國家無虞，利及後世。若良者，可謂善諫矣。」⑦

2.漢元帝初元元年（前四八），上聞貢禹明經潔行，遣使者徵之，拜爲諫大夫。上數虛己問以政，禹奏言風俗奢靡，宜儉約帥下。天子納善其言。溫公論曰：「忠臣之事君也，責其所難，則其易者不勞而正；補其所短，則其長者不勸而遂。孝元踐位之初，虛心以問禹，禹宜先其所急，後其所緩。然則優游不斷，讒佞用權，當時之大患也，而禹不以爲言；恭謹節儉，孝元之素志也，而禹孜孜言之；何哉！使禹之智不足以知，烏得爲賢！知而不言，爲罪愈大矣。」⑧

張良懂得因事納忠，因此使高帝公正、諸將心安，謀百世之大利；貢禹言元帝之所不急，無補於時政。兩人都有機會進言，却有不同的效果，其關鍵繫於智慧的高下及謀國的忠心。

二 德性

㈠謀國以誠

大臣以誠心謀國，就是忠於國家，這是大臣的基本德性。

1.魏明帝青龍二年（公元二三四），蜀相諸葛亮卒。溫公引陳壽評曰：「諸葛亮之爲相國也，撫百姓，示儀軌，約官職，從權制，開誠心，布公道。盡忠益時者，雖讎必賞；犯法怠慢者，雖親必罰；服罪輸情者，雖重必釋；游辭巧飾者，雖輕必戮。善無微而不賞，惡無纖而不貶。庶事精練，物理其本，循名責實，虛僞不齒。終於邦域之內，咸畏而愛之，刑政雖峻而無怨者，以其用心平而勸戒明也。可謂識治之良才，管、蕭之亞匹矣。」⑨

大臣須上不欺君，下不枉民，諸葛亮刑政雖峻而使邦域之內畏而愛之，就是基於「開誠心，布公道」。

然而，大臣事君也有懷詐僞之心的，溫公撰史之際，俱加以嚴厲的譴責：

2. 漢章帝建初八年（公元八三），竇憲以賤直奪沁水公主園田。溫公論曰：「人臣之罪，莫大於欺罔！」⑩

3. 魏文帝黃初七年（公元二二六），交趾太守士燮卒，其子徽自署太守，發宗兵拒朝廷所任刺史。呂岱討之，岱以燮弟子輔爲師友從事，遣往說徽，徽率其兄弟六人出降，岱皆斬之。溫公引孫盛論曰：「夫柔遠能邇，莫善於信。呂岱師友士輔，使通信誓；徽兄弟肉袒，推心委命，岱因滅之以要功利，君子是以知呂氏之祚不延者也。」⑪

4. 魏明帝太和六年（公元二三二），侍中劉曄爲帝所親重，然恃才智，每伺上意所趨而合之。後有人以此事奏帝，帝驗之，果得其情，從此疏焉。出爲大鴻臚，以憂死。溫公引傅子曰：「巧詐不如拙誠，信矣。以曄之明智權計，若居之以德義，行之以忠信，古之上賢，何以加諸！獨任才智，不敦誠愨，內失君心，外困於俗，卒以自危，豈不惜哉！」⑫

竇憲枉主，自是罪大惡極；劉曄以善伺主意，做事發言求合主意，也不是基於誠心。至於呂岱雖只是欺騙叛臣，但是究竟陷人於不義，不如堂堂正正的征伐來得妥切。因此，人臣不誠，對國家和自己，都是損失。

㈡守死不貳

大臣身居專職，享用俸祿，對國家所負的責任超過常人。如果逢到非常時期，應該以生命去負責，這種責任感是中華民族特有的精神。因此，史上多慷慨犧牲、從容赴義的忠臣義士。溫公對守死不貳者，多加讚揚；於臨難苟免者，嚴加譴責。

1.秦始皇帝三十七年（公元前二一〇），二世欲誅蒙恬，恬時將兵三十餘萬，以不敢辱先人之教及背國家，卒呑藥自殺。溫公論曰：「始皇方毒天下而蒙恬爲之使，恬不仁可知矣。然恬明於爲人臣之義，雖無罪見誅，能守死不貳，斯亦足稱也。」⑬

2.唐肅宗至德二載，議處諸陷賊官，以六等定罪，陳希烈等七人賜自盡於大理寺。頃之，有自賊中來者，言「唐羣臣從安慶緒在鄴者，聞廣平王赦陳希烈等，皆自悼，恨失身賊庭；及聞希烈等誅，乃止。」上甚悔之。溫公論曰：「爲人臣者，策名委質，有死無貳。希烈等或貴爲卿相，或親連肺腑，於承平之日，無一言以規人主之失，救社稷之危，迎合苟容以竊富貴；及四海橫潰，乘輿播越，偷生苟免，顧戀妻子，媚賊稱臣，爲之陳力，此乃屠酤之所羞，犬馬之不如。儻各全其首領，復其官爵，是詔諛之臣無往而不得計也。彼顏杲卿、張巡之徒，世治則擯斥外方，沈抑下僚；世亂則委棄孤城，齏粉寇手。何爲善者之不幸而爲惡者之幸，朝廷待忠義之薄而保姦邪之厚邪！至於微賤之臣，巡徼之隸，謀議不預，號令不及，朝聞親征之詔，夕失警蹕之所，乃復責其不能扈從，不亦難哉！六等議刑，斯亦可矣，又何悔焉！」⑭

蒙恬雖助始皇爲虐，但知爲臣之義，守死不貳，因此溫公嘉之；陳希烈等身居高位，臨難不能犧牲，反而爲賊效力，因此溫公責之，以爲誅當其罪。

㈢審愼於立身

欲有清平的治道，須有端正的人才。欲人才端正，須注意其立身。溫公於大臣立身之道，亦每加評論。

1.魏文帝黃初二年（公元二二一），蜀車騎將軍張飛爲帳下將所殺。飛與關羽俱爲名將，羽善待卒伍而驕於士大夫，飛愛禮君子而不恤軍人，二人皆不以壽終。溫公引陳壽評曰：「關羽、張飛皆稱萬人之敵，爲世虎臣。羽報效曹公，飛義釋嚴顏，並有國士之風。然羽剛而自矜，飛暴而無恩，以短取敗，理數之常也。」⑮

2.宋營陽王景平元年（公元四二三），魏左光祿大夫崔浩，好嵩山道士寇謙之道術，且上書贊明其事，魏主亦以此崇奉天師，顯揚新法，宣布天下。溫公論曰：「老、莊之書，大指欲同死生，輕去就。而為神仙者，服餌修鍊以求輕舉，鍊草石為金銀，其為術正相戾矣；是以劉歆七略敍道家為諸子，神仙為方技。其後復有符水、禁呪之術，至謙之遂合而為一；至今循之，其訛甚矣！崔浩不喜佛、老之書而信謙之之言，其故何哉！昔臧文仲祀爰居，孔子以為不智；如謙之者，其為爰居亦大矣。詩三百，一言以蔽之，曰『思無邪』。君子之於擇術，可不愼哉！」⑯

3.梁武帝中大通三年（公元五三一），昭明葬其母，葬畢，有道士云：「此地不利長子，若厭之，或可申延。」乃為蠟鵝及諸物埋於墓側長子位。宮監密啓上，檢掘果得鵝物。由是太子終身慚憤，不能自明。及太子卒，帝銜其事，亦不立其子為嗣。溫公論曰：「君子之於正道，不可少頃離也，不可跬步失也。以昭明太子之仁孝，武帝之慈愛，一染嫌疑之迹，身以憂死，罪及後昆，求吉得凶，不可湔滌，可不戒哉！是以詭誕之士，奇邪之術，君子遠之。」⑰

4.唐文宗太和九年（公元八三五），鄭注與李訓謀誅宦官，事發，百官反為宦官所殺，王涯、賈餗亦死。溫公論曰：「論者皆謂涯、餗有文學名聲，初不知訓、注之謀，橫罹覆族之禍。臣獨以爲不然。夫顚危不扶，焉用彼相！涯、餗安高位，飽重祿；訓、注小人，窮奸究險，力取將相。涯、餗與之比肩，不以爲恥；國家危殆，不以爲憂。偷合苟容，日復一日，自謂得保身之良策，莫我如也。若使人人如此而無禍，則奸臣孰不願之哉！一旦禍生不虞，足折刑剭，蓋天誅之也，士良安能族之哉！」⑱

關羽、張飛有國士之風，但是一驕矜、一粗暴，是立身的大缺點，因此，以短取敗。崔浩好神仙之術，以此影響國君，擇術不愼，以臣誣君。昭明太子懷有私心，求吉得凶，令人歎惋。王涯、賈餗與小人比肩，終於受到株連，全族罹禍。由這些例子看，大臣立身要正——即公忠體國，決不可存有私心，私心一起，往往禍國而害身。

㈣審愼於功名之際

政治場合裏，事繁雜紛冗，人多慾好爭，是一般現象。但是，如果隨俗浮沈，政治的水準不能提高，大臣本身也將身受其害。因此，溫公對於大臣處功名之際，也有一套完整的看法：

1.有功不伐

(1)漢獻帝初平三年（公元一九二），董卓既誅，卓部曲李傕、郭汜舉兵向京，殺司徒王允、司隸校尉黃琬、左馮翊宋翼、右扶風王宏。始王允自專討卓之勞，士孫瑞歸功不侯，故得免於難。溫公論曰：「易稱『勞謙君子有終吉』士孫瑞有功不伐，以保其身，可不謂之智乎！」⑲

士孫瑞與王允同誅董卓，但是不伐其功，人多不知，故雖遇凶殘的李傕、郭汜，也能保身，正是謙虛的好處，觀古來多因誇功而受害的例子，可知士孫瑞不誇功的高明。

2.仕隱適時

(1)漢哀帝元壽二年（公元前一），大司空彭宣以王莽專權，上書以病乞骸骨，莽白太后策免宣，使就國。溫公引班固贊曰：「薛廣德保縣車之榮，平當逡巡有恥，彭宣見險而止，異乎苟患失之者矣！」⑳

(2)漢順帝永建二年（公元一二七），以處士樊英，少有學行，名著海內，不應州郡、公卿之徵，帝以備禮徵之，及後應對無奇謀深策，談者以爲失望。河南張楷責英進退失據。溫公論曰：「古之君子邦有道則仕，邦無道則隱。隱非君子之所欲也。人莫己知而道不得行，羣邪共處，而害將及身，故深藏以避之。王者舉逸民，揚仄陋，固爲其有益於國家，非以徇世俗之耳目也。是故有道德足以尊王，智能足以庇民，被褐懷玉，深藏不市，則王者當盡禮而致之，屈己以訪之，克己以從之，然後能利澤施於四表，功烈格于上下。蓋取其道不取其人，務其實不務其名也。」㉑

(3)宋營陽王景平元年（公元四二三），詔徵豫章太守蔡廓爲吏部尚書，以徐羨之不悉付以選事，不拜。溫公引沈約論曰：「蔡廓固辭銓衡，恥爲志屈；豈不知選、錄同體，義無偏斷乎！良以主闇時難，不欲居通塞之任。遠矣哉！」㉒

(4)漢靈帝建寧二年（公元一六九），宦官大誅黨人，李膺、杜密、劉儒、范滂百餘人皆死，妻子皆徙邊，天下豪傑及儒學有行義者，宦官一切指爲黨人。溫公論曰：「天下有道，君子揚于王庭以正小人之罪，而莫敢不服。天下無道，君子囊括不言以避小人之禍，而猶或不免。黨人生昏亂之世，不在其位，四海橫流，而欲以口舌救之，臧否人物，激濁揚清，撩虺蛇之頭，虎狼之尾，以至身被淫刑，禍及朋友，士類殲滅而國隨以亡，不亦悲乎！」㉓

大臣貢獻才力以報效國家，是應有的責任；但是，在環境不允許、時局艱難的時候，隱退也是權宜的辦法。溫公以爲隱只是不得已，所以說：「隱非君子之所欲也。」仕進才是眞正的目的。隱在消極方面說是避害保身，如彭宣的去官，蔡廓的不居通塞；積極方面說，也是保有用之身，以作爲將來仕進的資本，如東漢黨人不能避宦官之鋒，又無力除之，結果朝野善類，普受摧殘，國隨以亡，就是忽略了隱的積極作用。至於如樊英，虛受盛名，不能眞正隱退，出仕又無匡救之術，兩者俱失，則毫無意義。

3.功成身退

(1)漢高帝五年（公元前二〇二），張良素多病，從上入關，卽道引，不食穀，杜門不出，曰：「家世相韓，及韓滅，不愛萬金之資，爲韓報讎強秦，天下振動。今以三寸舌爲帝者師，封萬戶侯，此布衣之極，於良足矣。願棄人間事，欲從赤松子游耳。」溫公論曰：「夫生之有死，譬猶夜旦之必然；自古及今，固未有超然而獨存者也。以子房之明辨達理，足以知神仙之爲虛詭矣；然其欲從赤松子游者，其智可知也。夫功名之際，人臣之所難處，如高帝所稱者，三傑而已；淮陰誅夷，蕭何繫獄，非以履盛滿而不止耶！故子房託於神仙，遺棄人間，等功名於外物，置榮利而不顧，所謂『明哲保身』者，子房有焉。」㉔

漢高祖的政略、戰略，大都出於張良策劃，所以高祖稱他和韓信、蕭何爲三傑。但是功高震主者身危，因此，他不願封好地，不願居高官，甚至學神仙辟穀之術，功成身退。這是極高的智慧、品格、氣度的綜合，因此，如高祖的雄猜，呂后的陰狠，對張良都禮遇有加。

三　氣　度

㈠識大體——愛君以德，大濟生民

大臣服務於國家，應該竭力盡忠的把國家治好。要達成這個目標，須有識大體的氣度。

大臣的識大體，就是一切以國家利益爲前提，政治昇平，百姓安樂。如果，國家的措施或者自己的行爲違反這個前提，就要有勇氣與度量去匡正。

1.漢獻帝建安十七年（公元二一二），曹操東擊孫權，威權日著，羣臣勸操進爵國公，九錫備物，以彰殊勳。荀彧以爲：「曹公本興義兵以匡朝寧國，秉忠貞之誠，守退讓之實；君子愛人以德，不宜如此。」操由是不悅。彧飲藥而卒，時人皆惜之。溫公論曰：「建安之初，四海蕩覆，尺土一民，皆非漢有。荀彧佐魏武而興之，舉賢用能，訓卒厲兵，決機發策，征伐四克，遂能以弱爲強，化亂爲治，十分天下而有其八，其功豈在管仲之後乎！管仲不死子糾而荀彧死漢室，其仁復居管仲之先矣！」㉕

2.魏明帝青龍四年（公元二三六），潁陰靖侯陳羣卒。羣前後數陳得失，每上封事，輒削其草，時人及其子弟莫能知也。論者或譏羣居位拱默；正始中，詔撰羣臣上書以爲名臣奏議，朝士乃見羣諫事，皆歎息焉。溫公引袁子論曰：「或問：『少府楊阜豈非忠臣哉？見人主之非則勃然觸之，與人言未嘗不道。』答曰：『夫仁者愛人，施之君謂之忠，施於親謂之孝。今爲人臣，見人主失道，力詆其非而播揚其惡，可謂直士，未爲忠臣也。故司空陳羣則不然，談論終日，未嘗言人主之非；書數十上，外人不知。君子謂羣於是乎長者矣。』」㉖

3.梁武帝大通元年（公元五二七），譙州刺史湛僧智圍魏東豫州刺史元慶和於廣陵，司州刺史夏侯夔自武陽引兵助僧智。夔至城下，慶和擧城降。僧智以夔持軍嚴，必無侵暴，且慶和原欲降夔，故以功讓夔。溫公論曰：「湛僧智可謂君子矣！忘其積時攻戰之勞，以授一朝新至之將，知己之短，不掩人之長，功成不取以濟國事，忠且無私，可謂君子矣！」㉗

4.梁武帝大同十一年（公元五四五）散騎常侍賀琛啓陳四事以諫，帝大怒責之。溫公論曰：「明主守要道以御萬機之本，忠臣陳大體以格君心之非，故身不勞而收功遠，言至約而爲益大也。」㉘

5.唐玄宗開元三年（公元七一五），以盧懷愼檢校吏部尙書兼黃門監。懷愼與崇同爲相，自以才不及崇，每事推之，時人謂之「伴食宰相」。溫公論曰：「夫不肖用事，爲其僚者，愛身保祿而從之，不顧國家之安危，是誠罪人也。賢智用事，爲其僚者，愚惑以亂其治，專固以分其權，媢嫉以毀其功，愎戾以竊其名，是亦罪人也。崇，唐之賢相，懷愼與之同心戮力，以濟明皇太平之政，夫何罪哉！秦誓曰：『如有一介臣，斷斷猗，無他技，其心休休焉，其如有容；人之有技，若己有之，人之彥聖，其心好之，不啻如自其口出，是能容之，以保我子孫黎民，亦職有利哉。』懷愼之謂矣。」㉙

荀彧與賀琛都因勸諫，使主上不悅；荀彧甚至身罹災禍。但是，爲大臣者，如果眼見主上的過失而不諫，必使國事受損，甚至陷君於不義，就不識大體了。陳羣默默貢獻，不求己名；湛僧智不爭功，以成大事；盧懷愼不逞能，以濟大政，都是心存國家，不蓄私心的榜樣，可謂識大體了。

㈡與國君相成

君爲元首、臣爲股肱，必須相互配合，才有完整的力量。

1.漢宣帝五鳳三年（公元前五五），博陽定侯丙吉薨。溫公引班固贊曰：「古之制名，必由象類，遠取諸物，近取諸身，故經謂君爲元首，臣爲股肱，明其一體相待而成也。是故君臣相配，古今常道，自然之勢也。近觀漢相，高祖開基，蕭、曹爲冠；孝宣中興，丙、魏有聲。是時黜陟有序，衆職修理，公卿多稱其位，海內興於禮讓。覽其行事，豈虛虖哉！」㉚

2.晉海西公太和五年（公元三七〇）秦王猛攻燕，以鄧羌勇猛，羌有所求，猛均應之，卒敗燕衆。溫公引崔鴻之論曰：「鄧羌請郡將以撓法，徇私也；勒兵欲攻王猛，無上也；臨戰豫求司隸，邀君也；有此三者，罪孰大焉！猛能容其所短，收其所長，若馴猛虎，馭悍馬，以成大功。詩曰：『采葑采菲，無以下體。』猛之謂矣！」㉛

3.唐太宗貞觀二十二年（公元六四八），司空房玄齡薨。溫公引柳芳論曰：「玄齡佐太宗定天下，及終相位，凡三十二年，天下號爲賢相；然無跡可尋，德亦至矣。故太宗定禍亂而

房、杜不言功，王、魏善諫諍而房、杜讓其賢，英、衞善將兵，而房、杜行其道，理致太平，善歸人主。爲唐宗臣，宜哉！」㉜

蕭、曹，丙、魏，房、杜的爲相，都能與國君相成，注意整個組織的協調，不炫才耀功，整個國家雍熙和睦，眞是良相之才。至於王猛，在緊要時刻，能撫巡悍將，成就大功，以報國家，也是國之良臣。

四　論非良臣

㈠有才無行非良臣

1.周赧王五年（公元前三一〇），載張儀、蘇秦、公孫衍，蘇代、蘇厲、周最、樓緩爲縱橫之術。溫公引孟子之論曰：「或謂『公孫衍、張儀豈不大丈夫哉；一怒而諸侯懼，安居而天下熄？』孟子曰：『是惡足爲大丈夫哉！君子立天下之正位，行天下之正道，得志則與民由之，不得志則獨行其道，富貴不能淫，貧賤不能移，威武不能詘，是之謂大丈夫。」㉝

2.漢元帝永光元年（公元前四三），賈捐之有文才，欲得高位，初，捐之數短石顯，楊興謂如此不得官，乃與楊興共薦石顯，又共爲薦興奏，以爲可試守京兆尹。石顯聞之，奏「興、捐之懷詐僞，更相薦譽，欲得大位，罔上不道！」捐之竟坐棄市，興髡鉗爲城旦。溫公

論曰：「君子以正攻邪，猶懼不克；況捐之以邪攻邪，其能免乎！」㉞

3.漢獻帝建安四年（公元一九九），孫策盛兵將徇豫章，時華歆守之。策以其有重名，遣虞翻往說之，華歆迎策。溫公引孫盛論曰：「歆既無夷、皓韜邈之風，又失王臣匪躬之操，橈心於邪儒之說，交臂於陵肆之徒，位奪節墮，咎孰大焉！」㉟

4.魏邵陵厲公嘉平三年（公元二五一），吳主徵諸葛恪，擬付託以大事。恪將行，呂岱戒之曰：「世方多難，子每事必十思。」恪曰：「昔季文子三思而後行，夫子曰：『再思可矣。』今君令恪十思，明恪之劣也！」溫公引虞喜之論曰：「夫託以天下，至重也；以人臣行主威，至難也；兼二至而管萬機，能勝之者鮮矣。呂侯，國之元耆，志度經遠，甫以十思戒之，而便以示劣見拒；此元遜之疏，機神不俱者也！若因十思之義，廣諮當世之務，聞善速於雷動，從諫急於風移，豈得隕身殿堂，死於凶豎之刃！世人奇其英辯，造次可觀，而哂呂侯無對爲陋，不思安危終始之慮，是樂春藻之繁華，忘秋實之甘口也。」㊱

縱橫家蘇秦、張儀、公孫衍等，沒有政治的理想，只圖各人的富貴，興風作浪，荼毒生民。賈捐之爲求高位，前短石顯，後又薦之。華歆虛有高名，不能立節。諸葛恪輕躁矜才。對於國家無所匡助，反而有害，故不可謂良臣。

(二)素餐非良臣

1.唐代宗大曆十二年（公元七七七），元載、王縉之爲相也，上日賜以內廚御饌，可食十人，遂爲故事。癸卯，常袞與朱泚上言：「餐錢已多，乞停賜饌。」許之。袞又欲辭堂封，同列不可而止。時人譏袞，以爲：「朝廷厚祿，所以養賢，不能，當辭位，不當辭祿。溫公論曰：「君子恥食浮於人；袞之辭祿，廉恥存焉，與夫固位貪祿者，不猶愈乎！詩云：『彼君子兮，不素餐兮！』如袞者，亦未可以深譏也。」㊲常袞爲相雖乏建樹，但恥食厚祿，有不素餐之心，溫公以爲其辭祿未可深譏。則素餐之人，非爲良臣。

㈢竊國命者不忠

1.秦始皇帝九年（公元前二三八），楚春申君爲李園所殺。溫公引揚子法言曰：「或問『信陵、平原、孟嘗、春申益乎？』，曰：「上失其政，姦臣竊國命，何其益乎！」」㊳

2.秦始皇帝十二年（公元前二三五），文信侯飲酖死。溫公引揚子法言曰：「或問：『呂不韋其智矣乎？以人易貨。』曰：『誰謂不韋智者歟！以國易宗。呂不韋之盜，穿窬之雄乎！」㊴

3.唐文宗太和六年（公元八三二），牛僧孺罷相。僧孺對上問天下何時太平曰：「太平無象，今四夷不至交侵，百姓不至流散，雖非至理，亦謂小康。」溫公論曰：「于斯之時，閽寺專權，脅君於內，弗能遠也；藩鎭阻兵，陵慢于外，弗能制也；士卒殺逐主帥，拒命自立，弗能詰也；軍旅歲興，賦斂日急，骨血縱橫於原野，杼軸空竭於里閭，而僧孺謂之太平，不亦誣乎！當文宗求治之時，僧孺任居承弼，進則偷安取容以竊位，退則欺君誣世以盜名，罪孰大焉！」⑩

孟嘗、平原、信陵、春申四公子，以雄財養士，發展個人的勢力，影響國家的行政；呂不韋以財力打入秦國，以遂其政治野心；牛僧孺尸位丞相，却誣稱太平。這些都是爲人臣而竊取國命，失却人臣應有的立場。

㈣荼毒天下者不忠

1.秦始皇帝三十七年（公元前二一〇），二世誅蒙恬。溫公引揚子法言曰：「或問：『蒙恬忠而被誅，忠奚可爲也？』曰：『壍山、堙谷、起臨洮、擊遼水，力不足而屍有餘，忠不足相也。』」㊶

秦始皇荼毒天下，而蒙恬供其任使，築長城、擊匈奴，使天下骨肉離散，財賦空竭，雖然是接受君命，却是不忠於國家。

㈤覆宗國者不忠

1.秦始皇帝十四年（公元前二三三），韓王使韓非聘秦，非說秦王以破縱、滅趙、韓、荆、魏、齊、燕之術，李斯譏之，非自殺。溫公論曰：「臣聞君子親其親以及人之親，愛其國以及人之國，是以功大名美而享有百福也。今非爲秦畫謀，而首欲覆其宗國，以售其言，罪固不容於死矣，烏足愍哉！」㊷

2.唐則天后光宅元年（公元六八四），徐敬業兵敗，敬業擧兵時，聽薛仲璋之言，以爲金陵有王氣，且大江天險，足以爲固，故不直取洛陽，卒爲李孝逸所敗。溫公引陳嶽論曰：「敬業苟能用魏思溫之策，直指河、洛，專以匡復爲事，縱軍敗身戮，亦忠義在焉。而妄希金陵王氣，是眞爲叛逆，不敗何待！」㊸

大臣應以宗國爲重，爲之竭忠盡力，不能存有私念在其中。如韓非爲推廣己術，勸秦亡韓；徐敬業妄希金陵王氣。心存不軌，欲覆滅宗國，卽成奸惡之徒了。

附註

①通鑑十二卷三八三~三八五頁。

②通鑑十三卷四三二~四三四頁。

③通鑑三三卷一〇五五頁。

④通鑑三七卷一一九四~一一九六頁。

⑤通鑑十卷三三一～三三四頁。
⑥通鑑二九卷九四六～九四九頁。
⑦通鑑十一卷三六九～三七〇頁。
⑧通鑑二八卷八九四～八九六頁
⑨通鑑七二卷二二九九頁。
⑩通鑑四六卷一四九三～一四九四頁。
⑪通鑑七十卷二二三一頁。
⑫通鑑七二卷二二七八～二二七九頁。
⑬通鑑七卷二五一頁。
⑭通鑑二二〇卷七〇四九～七〇五〇頁。
⑮通鑑六九卷二一八九～二一九〇頁。
⑯通鑑一一九卷三七六〇～三七六三頁。
⑰通鑑一五五卷四八〇八～四八〇九頁。
⑱通鑑二四五卷七九一〇～七九一七頁。
⑲通鑑六〇卷一九三六～一九三九頁。
⑳通鑑三五卷一一二八頁。
㉑通鑑五一卷一六四七～一六四九頁。
㉒通鑑一一九卷三七五二～三七五三頁。

㉓通鑑五六卷一八一八～一八二三頁。
㉔通鑑十一卷三六二～三六三頁。
㉕通鑑六六卷二一一四～二一一六頁。
㉖通鑑七三卷二三一六～二三一七頁。
㉗通鑑一五一卷四七二六～四七二七頁。
㉘通鑑一五九卷四九二九～四九三五頁。
㉙通鑑二一一卷六七〇八～六七〇九頁。
㉚通鑑二七卷八七二～八七三頁。
㉛通鑑一〇二卷三二三二～三二三五頁。
㉜通鑑一九九卷六二六〇～六二六一頁。
㉝通鑑三卷九九～一〇〇頁。
㉞通鑑二八卷九一六～九一七頁。
㉟通鑑六三卷二〇二一～二〇二二頁。
㊱通鑑七五卷二三九二～二三九三頁。
㊲通鑑二二五卷七二四六～七二四七頁。
㊳通鑑六卷二一四～二一六頁。
㊴通鑑六卷二一九頁。
㊵通鑑二四四卷七八八〇～七八八一頁。

㊶通鑑七卷二二五一頁。
㊷通鑑六卷二二二〇～二二二二頁。
㊸通鑑二〇三卷六四二九～六四三一頁。

第七章　史論述評

溫公論史，由國策、君道、臣節三方面著眼，綱擧目張，組織周密，尤其敦勸國君爲賢君、大臣爲良臣，用心良苦，學識與心術，都令人讚佩服膺。細繹溫公之學，實治經史爲一爐，史實與義理相結合，而成獨家博大精深的思想體系。但是，溫公的思想有特色，却也有偏失，爰將其羅列於左，並作討論：

一　人治與法治

溫公雖然重禮法，但是他以爲執法的人比法律重，執禮的人比禮制重要，有治人而後有治法，有賢君良臣而後有禮樂教化。

在君道執禮一項中，強調高祖斬丁公是因局勢不同：「夫進取之與守成，其勢不同。當羣雄角逐之際，民無定主，來者受之，固其宜也。及貴爲天子，四海之內，無不爲臣，苟不明禮義以示之，使爲臣者，人懷貳心以徼大利，則國家其能久安乎！」換句話說，禮法的靈活運用，比禮法本身重要。晉武帝棄數百年短喪的習慣，復行三年之喪，溫公讚爲「不世之賢君」，禮法是刻板的，只有高明的人才始得行之恰當。

古時，許多史論家都有類似的觀點。王夫之曰：「上有明君，下有賢士大夫，佞者可忠，柔者可強，天下豈患無人材哉！」①說明人材之培養靠明君，不是靠制度。顧炎武甚至說：「法令者，敗壞人材之具，以防姦宄而得之者什三，以沮豪傑而失之者，常什七矣。」②至少也要人治與法治並行，王夫之曰：「嚴之以法而無可移，則民知懷刑；寬之以其人而不相尙以殺，則民無濫死。故先王樂進長者司刑獄，而使守畫一之法，雷電章於上，雨露潤於下，斯以合天理而容保天下與！」③

人治雖有其長處，但有其缺點：有賢才在則政清，否則政濁，所謂「人存政舉，人亡政息」。而且，在廣大複雜的環境裏，如沒有周詳的禮法可循，秩序容易紊亂。因此，現代先進國家多採法治，任何人執政，都有制度作依據，較能保持政治的穩定。

二　禮與法

溫公論國策，言及制禮與立法；論君道，言及執禮與賞罰。二者都是國家大事，都很重要。但若二者相較，溫公以爲禮重於法。

溫公論國策，在禮法之外，另立「教化」一項，他說：「教化，國家之急務也，而俗吏慢之；風俗，天下之大事也，而庸君忽之。夫惟明智君子，深識長慮，然後知其爲益之大而收功之遠也。」而教化的基本就是禮，國君、大臣依禮制教，並以身化下，都須以禮爲依據。由這點看來，溫公對禮是有所偏重的。

溫公以後的史論家，也和溫公持同樣的觀點，而且，說得更爲明顯。王夫之曰：「人之能爲大不韙者，非其能無所懼也，唯其能無所恥也。故血氣之勇不可任，而猶可器使，唯無所恥者，國家用之而必亡。」④顧炎武引羅仲素曰：「教化者朝廷之先務，廉恥者士人之美節，風俗者天下之大事。朝廷有教化，則士人有廉恥，士人有廉恥，則天下有風俗。」⑤他們都以爲透過禮爲依據所行的教化，超乎法律之上。

溫公的思想本以儒家爲主，法家爲輔。儒家重禮過於法，禮偏於原則，範圍廣、彈性大，不如法律的條文固定，在人治爲主的觀念裏，自然是禮較受重視。

孔德成氏在其論儒家之禮中，說：「凡先王之遺訓，後王之明教，人事之條理，事節之平正，皆謂之禮。」所以禮可以爲教育工具，在政治制度上可以運用，在社會制度中也不能缺。⑥在今天，禮的範圍縮小，相對的，法的範圍加大。許多古時的禮，現在都成了法，所以法似乎比禮具體、重要。但是，現代立法的精神還是依據禮，立法之初，考慮的還是社會的習俗風教，一方面適應，一方面提昇。所以，溫公的觀點，現代人還是接受。

三　德與才

德性與才能，爲人所不可缺，如果論何者爲重？每個人的觀點必有不同。

儒家思想是重德的，孔子說：「驥不稱其力，稱其德也。」就是證明。溫公自不例外，溫公曰：「才者，德之資也；德者，才之帥也。」又曰：「凡取人之術，苟不得聖人、君子而與之，與其得小人，不若得愚人。」德行重於才能的意思極爲明顯。

王夫之亦曰：「以大義服天下者，以誠而已矣，未聞其以術也；奉義爲術而義始賊。」⑦這是儒家一脈相承的理論。

重德與重才，往往因爲民族性不同而見仁見智，但是，有若干原則須要注意：

㈠德與才的比重：要求一個有才的人具備爲人處世的基本德行，是合理的；如果要求他德如聖賢，即爲苛求。相對的，有德而無才，自然不適於運用，以免落入唯德論，形成無能的社會。

㈡適應時局：在平常時，應該注意德與才的諧合；在非常時，爲了應變，偏重專才，也是應有的權宜。

㈢重大德，輕小節；重大才，輕小技。

史上，有重德而輕才的時候，如東漢之選三公，結果，朝廷缺乏建樹，也缺乏魄力，政權落入宦官與軍閥的手中。也有重才輕德的時候，如曹操選拔「不仁不孝而有治國用兵術者」，結果是破壞風俗，得不償失。如果，把握上述原則，可能比較容易持平。

四、剛德與柔德

剛德卽血性，是外發的、進取的、較積極；但是，運用不好，容易有偏失。柔德卽恭謹，是內斂的、保守的、較消極；但是，平穩妥切，不易有偏失。

溫公論君道，重正己、恭儉、納諫；論臣節，重謀國以誠、因事納忠、審愼於立身、審愼於功名之際。整個思想的輪廓，就是平穩妥切，在穩定中求發展。雖然，溫公也主張君主應明斷、大臣應守死不貳，但比重甚小。因此，可知溫公強調的是柔德。

史上的政論家，大都以柔德敎人，尤其是敎臣民，董仲舒曰：「春秋之義，臣有惡擅名美，故忠臣不顯諫，欲其由君出也。」⑧卽爲一例。

但是，過重柔德，會產生缺陷，王夫之曰：「元帝詔四科擧士，卽以此第郎官之殿最，一曰質樸、二曰敦厚、三曰遜讓、四曰有行。蓋孱主佞臣懲蕭、周、張、劉之骨鯁，而以柔愞銷天下之氣節也。自是以後，漢無剛正之士，遂擧社稷以奉人，而自詡其敦厚樸讓之多福。」⑨

柔德適於守成，剛德利於進取，二者都要培養，適時而用。只有柔德，則在非常時期就沒有人慷慨犧牲以全大體、保社稷了。

五　主觀與客觀

溫公的通鑑史論，極注意歷史事實，透過史實才下議論，是客觀的論斷。

譬如：歷敍箕子居朝鮮、敎民禮義、設楚八條，結果民終不相盜，無門戶之閉，婦人貞信不淫辟，於是歸結到仁賢之化的可貴（君道一、㈡1.仁義）

又如：歷敍唐文宗時，閹寺專權、藩鎭阻兵、士卒殺逐主帥、賦斂日急，骨血橫野，牛僧孺自謂太平，歸結到牛僧孺的欺君誣世。（臣節四、㈢竊國命者不忠）

而且，溫公史論是就事論事，如對蒙恬，貶抑他助始皇爲虐，却讚賞他能守死不貳；對王猛，讚賞他能容鄧羌，却也責備他不容慕容垂。

這種態度不像一般離開史實，隨意推論，如蘇洵史論的出於主觀。

客觀史論的價值自然要高於主觀之泛論。

六　屬於歷史解釋

由於溫公的史論出於客觀的態度，不是根據道德觀點對歷史事件所作之泛論，因此，是一種歷史解釋。其重要性質如下：

(一)淵源之追溯：如追溯封建制度始於周朝之親親賢賢（國策六、封建）

(二)原因之闡釋：如論漢武帝若干行政如秦始皇，但秦以亡，漢以興的原因。（君道二、(一)執禮）

(三)變遷之縷述：如歷述周朝、秦朝、西漢的封建制度的變遷。（國策六、封建）⑩

七　史學與經學合一

呂謙舉氏宋代史學的義理觀念云：「宋代史學多強調義理觀念，其用心在使史學經學化，並進而將「經」與「史」併為一體，同歸到理學的領域去。」又云：「司馬光退居洛中十五年，而雅敬邵雍……對其資治通鑑以國家興亡、生民休戚為主旨的史學用心，當有人格上思想上的默契相識的作用。實際光的通鑑，就是在發揮人道精神，這與儒家的道德觀念相脗合，也與經學家的義理觀念一致。」⑪

溫公的通鑑是有所為而作，其目的是用經學去解釋史學，用史學去印證經學。結果，使得史學產生正確的實用價值。

八　爲道德、政治史觀，而非美術、社會史觀

溫公的書，名爲資治通鑑，其目的是資治，因此，都取與治道有關的才加記載（雖偶有例外，其數甚微），又因爲中國政治以德性爲依據，故德性之例多所記載。溫公的史論也是如此，觀其國策、君道、臣節諸內容，清晰可證。

溫公很少論及文學，顧炎武說：「通鑑不載文人。」

溫公的著眼在於朝廷的施政以及對生民的影響，較少究心於羣衆之勢力與隱微之動因。

道德史觀與政治史觀，較著重直接，美術史觀、社會史觀，則比較間接，但其影響力實難分軒輊。究竟，推動歷史巨輪的是整體的力量，密不可分。

附註

①讀通鑑論二卷廿四頁。
②日知錄十二卷二五七頁。
③讀通鑑論三卷五四頁。
④讀通鑑論五卷一二四頁。

⑤日知錄十七卷三八八頁。

⑥見孔子研究集三七四～三八〇頁。

⑦讀通鑑論二卷十七頁。

⑧春秋繁露二卷六頁。

⑨讀通鑑論四卷一〇六頁。

⑩此條議論綱領參杜維運氏「王夫之與中國史學」，見中國史學史論文選集六六七～七三七頁。

⑪中國史學史論文選集四〇二～四〇三頁。

史論徵引諸家生平著作簡介表

姓名	字號	朝代	重要事蹟	重要著作	備註
荀況	荀卿	戰國(趙)	年五十始遊於齊，三爲祭酒。適楚，爲蘭陵令。	荀子	傳見史記七十四卷
賈誼	賈生	漢	年二十文帝召爲博士，超遷至太中大夫。請改正朔，易服色，制法度，興禮樂。周勃、灌夫讒毁之，出爲長沙王太傅、梁懷王太傅，憂死。	陳政事疏等	傳見史記八十四卷，漢書四十八卷
司馬遷	子長	漢	武帝時仕爲郎中、奉使巴蜀，還爲太史令。因李陵事下獄腐刑，後爲中書令。遷性	史記	傳見漢書六十二卷

揚雄	子雲	漢	好遊，足跡幾徧中國。博學深思、以文章名世、乃漢賦大家、甘泉、河東、長楊等賦爲世所稱。又著法言、太玄等書，思模仿前代聖賢。	法言、太玄、州箴、訓纂	傳見漢書八十七卷
班彪	叔皮	東漢	初從隗囂，後事竇融，爲畫策事漢。有文才，好著述。	撰漢書以繼司馬遷史記，未成而卒。	傳見後漢書七十卷
班固	孟堅	東漢	典校秘書遷玄馬司馬，竇憲出征匈奴，以固爲中護軍，竇憲敗，種兢繫固，死獄中。	漢書 白虎通義	傳見後漢書七十卷下
荀悅	仲豫	東漢	年十二能說春秋。性沈靜，喜著述，獻帝時侍講禁中。	申鑒、漢紀	傳見後漢書九十二卷
仲長統	公理	東漢	荀彧擧爲尚書郎，少好學，性俶儻，敢直言，默語無常	昌言	傳見後漢書七十九卷

			，時號狂生。		
魚豢		三國（魏）	明帝時，纂修魏略	魏略	
陳壽	承祚	晉	初仕蜀，爲觀閣令史。入晉，除著作郎，終御史治書。	三國志	傳見晉書八十二卷
華嶠	叔駿	晉	武帝以其博聞多識，有良史之志，轉秘書監。	改撰後漢書、十典（未完成）	傳見晉書四十四卷
傅玄	休奕	晉	武帝時爲司隸校尉，性剛直峻急，不能容人，至顯貴，亦著述不廢、晉代朝廷宗廟之樂章，多出其手。	傅子，樂府歌章	傳見晉書四十七卷
虞喜	仲寧	晉	志高潔，永嘉、太寧、咸康中累徵不起。專心經傳兼覽讖諱。	志林、又注毛詩、孝經	傳見晉書九十一卷
干寶	令升	晉	召爲著作郎領國史，歷位散騎常侍。好陰陽術數。	晉紀 搜神記（舊題干寶撰）	傳見晉書八十二卷

姓名	字	朝代	事蹟	著作	出處
習鑿齒	彥威	晉	博學能文尤有史才。甚爲桓溫所器重，以溫有不臣之心，乃著書以規諫。	漢晉春秋	傳見晉書八十二卷
孫盛	安國	晉	爲著作郎、秘書監。篤學。	魏氏春秋、晉陽秋。	傳見晉書八十二卷
袁宏	彥伯	晉	謝尚引參軍事，累遷桓溫記室，文章絕美，嘗爲詠史詩	東征賦、北征賦、三國名臣頌。後漢紀，竹林名士傳	傳見晉書九十二卷
范曄	蔚宗	宋(南朝)	博涉經史，善屬文，爲尚書吏部郎，左遷宣城太守，以謀反伏誅。	後漢書	傳見宋書六十九卷，南史三十三卷
裴子野	幾原	梁	爲著作郎，員外郎，中書侍郎，鴻臚卿，在禁省十餘年，靜默自守，未嘗請謁。	宋略、喪服集注、衆僧傳	傳見梁書三十卷，南史三十三卷
蕭方等	實相	梁	元帝長子，入侍武帝，援京	三十國春秋，	傳見梁書四

			師抗侯景亂。後征河東王，兵敗溺死。	靜住子。注范曄後漢書未就	十四卷，南史五十四卷
崔鴻	彥鸞	後魏	爲中散大夫，以本官修輯國史。鴻弱冠有志著述，因劉淵、石勒等跨僭一方，各有國書，未有統一，乃撰十六國春秋。	十六國春秋	傳見魏書六十七卷，北史四十四卷
權德輿	載之	唐	爲刑部尚書，出爲山西西道節度使。爲輔相，寬和不爲察察名。	權文公集	傳見舊唐書一四八卷，新唐書一六五卷
李德裕	文饒	唐	敬宗時爲浙江觀察史武宗時入相、弭藩鎮之禍、宣宗立，爲忌者所構貶死。	次柳舊聞 會昌一品集	傳見舊唐書一七四卷，新唐書一八〇卷

歐陽修

永叔

宋

慶曆出，知諫院，論事切直。後改右正言、知制誥。因諫貶滁州，還爲翰林學士，嘉祐間拜參知政事，以太子少師致仕。修上承韓愈意志，以古文爲天下倡。

新唐書、新五代史、毛詩本義、集古錄、歸田錄、洛陽牡丹記、文忠集、六一詩話、六一詞。

傳見宋史三一九卷

附錄二

重要參考書目

書名	作者	出版
資治通鑑	司馬光撰	明倫出版社
通鑑胡注表微	胡三省注	（附通鑑末）
通鑑釋文辯誤	陳　垣撰	（附通鑑末）
讀通鑑論	胡三省撰	河洛圖書出版社
春秋繁露義證	王夫之撰	河洛圖出版社
文史通義	董仲舒著　蘇輿義證	國史研究室
廿五史（史記至五代史）	章學誠	藝文印書館
前漢紀	荀　悅撰	華正書局
後漢紀	袁　宏撰	華正書局

書名	作者	出版者
通志	鄭　樵撰	新興書局
續通志	清高宗敕撰	新興書局
通典	杜　佑撰	新興書局
續通典	清高宗敕撰	新興書局
文獻通考	馬端臨撰	新興書局
續文獻通考	清高宗敕撰	新興書局
歷代帝王年表	齊召南撰 阮　福補	世界書局
文心雕龍	劉　勰撰	宏業書局
日知錄	顧炎武撰	明倫出版社
國史大綱	錢　穆著	商務印書館
史學纂要	蔣祖怡著	正中書局
國史要義	柳貽徵著	中華書局
孔子研究集	中華叢書編委會	台灣書店
廣解四書	蔣伯潛著	啓明書局
中國史學史論文選集	杜維運 黃進興編	華世出版社

學術與政治之間　徐復觀著　中央書局

春秋大一統述義　張永儁著　哲學與文法第三卷第七期

史通通釋　劉知幾撰　浦起龍釋　世界書局